다문화, 영화에서 길을 찾다

KB193182

이 책은 방일영문화재단의 지원을 받아 저술·출판되었습니다.

다문화, 영화에서 길을 찾다

변화의 오늘 공존의 내일

고규대 지음

영화와 드라마를 통해 바라본 그들-우리들의 삶

이방인(異邦人).

다른 나라에서 온 사람을 일컫는다. 이방은 외부이고 낯선 세계다. 배달의 민족이라는 신화에서 시작해 '단일 민족'이라는 환상을 가지고 있는 대한민국에서 이방인은 언제까지고 낯선 얼굴이다. 이태원이라는 지명에 얽힌 이야기도 그렇다. 임진왜란이나 병자호란의 환란기에 생긴 피해 집단과 환향인들은 귀화한 외국인들을 정착시키던 이태원에 살 수밖에 없었다. 고향이 그들을 받아주지 않았던 것이다. 북한의 탄압과 빈곤을 피해 자유를 찾아온 탈북민 역시 같은 민족임에도 이방인으로 머물고 있다.

이주민(移住民).

다른 곳으로 옮겨 가서 사는 사람, 또는 다른 지역에서 옮겨 와서 사는 사람을 일컫는다. 이주민은 좀 더 이웃으로 느껴지기 때문에 최근에는 '이방인'이라는 말을 보다 포용적인 의미의 '이주민'으로 대체하려 하고 있다. 대한민국에서 머물거나 살기 원하는 이들을 이방인으로 타자화하는 대신 가치중립적인 이주민이라는 이웃으로 받아들이려는 노력이다.

　　현재 대한민국은 선택의 기로에 서 있다. 우리는 이방인이든 이주민이든 외부의 타자를 자연스럽게 받아들인 경험이 적다. 쇄국정책을 시행한 조선 말에서 시작해 근현대 역사에서 외세 침략이 잦았던 때문일지도 모른다. 아니면 북한을 마주보는 휴전선과 바다로 둘러싸여 고립된 채로 강대국에 맞닿아 있는 지리적 이유일 수도 있다. 그 이유가 어디에 있든 우리는 공동체의 생존을 위해 강국의 침략에 맞서며 배달의 민족, 홍익인간 등 가치와 목표를 공유해야 했다. 그 결과 한국인은 고유의 문화와 정체성이 소멸하지 않았고, 반만년 역사를 넘어 또 다른 반만년을 꿈꿀 수 있게 됐다.

　　영국은 이민과 관련한 이데올로기의 갈등으로 혼란을 겪고 있다. 2024년 4월 22일 영국 의회에서 불법이주민법이 통과되면서 정부는 불법이주민을 아프리카 남부 르완다로 강제 추방한다는 구체화된 계획에 빠르게 착수하기도 했다. '르완다 플랜'으로 불려온 '르완다 망명/이주 안전 법안'은 인권침해 논란으로 이어졌다.

2022년 보리스 존슨(Boris Johnson) 전 영국 총리의 제안으로 시작된 이 아이디어는 곧바로 UN 등 국제단체의 비난 성명을 받게 된다. 유럽 최고 인권 단체도 의원들에게 법안을 저지할 것을 요구했다. 그럼에도 영국 내무부 장관 수엘라 브레이버만(Suella Braverman)은 "다문화주의는 이민자들에게 통합에 대한 어떤 요구도 하지 않았고, 다문화주의는 실패했다(Multiculturalism makes no demands of the incomer to integrate, it has failed)"고 말한다. 수엘라 브레이버만은 이민자를 군집(swarm)으로, 이민자의 영국 입국을 침입(invasion)으로 표현할 정도로 급진적이다.

영국의 불법이주민법은 내부에서도 강렬한 저항을 받았다. 법안은 위헌 법률 판결로 좌초되기도 했고, 스코틀랜드에서는 보수당 정부의 강경한 이민 정책에 항의하는 시위대가 불법이주민 단속 차량을 포위하는 격렬한 시위를 벌이기도 했다. 이 합의되지 못한 갈등은 현재까지 지속되고 있다.

"이민자들은 통합되지 못하고 평행한 삶을 살게 된다 (Some immigrants are "not embracing British values" and are living "parallel lives" to the rest of the country)."

수엘라 브레이버만의 주장은 되새겨볼 만하다. 우리나라도 다른 나라와 마찬가지로 점점 다양한 인종, 민족 등이 찾아오면서 더불어 사는 나라로 바뀌어 가고 있다. 그렇다면 오늘 대한민국은 이런 질문에 놓일 수밖에 없다.

우리는 이방인, 이주민을 어떻게 받아들여야 할까?

그들이 함께하는 대한민국은 어떻게 공존할 것인가?

인종, 민족, 국가의 개념은 어떻게 재정의해야 하는가?

달러를 벌기 위해 독일, 중동 등 해외로 외국인노동자가 되어 나가던 시절도 있었다. 최근 우리의 현실은 빠르게 변화하고 있다. 한때는 불법체류자가 증가하자 외국인노동자의 불안한 신분을 이용해 그들을 하위 계급의 부역자로 인식하던

'무법'의 시기도 있었다. 그러나 현재는 국내 첨단산업을 비롯해 다양한 분야에서 해외 인력이 큰 역할을 하고 있다. 조선, 건설, 기계 등의 분야에서는 이미 외국인노동자가 대한민국 국민의 숫자를 넘어섰다. 그들은 자신들의 권리에 대해 잘 알고 있으며, 이에 발맞춰 이들을 피부색으로 차별하거나 혹은 출신 국가에 따라 선입견을 갖고 무시하는 풍조는 사라지고 있다. 이는 정치적 올바름이 자리잡은 결과일 뿐 아니라 차별금지법 등 법률로 규율한 점도 크다. 이제 이들을 포용하고 사회의 발전을 함께 이끄는 구성원들로 받아들일 시대다.

어떻게, 어떤 방향으로 나아가야 하는지 심도 깊은 논의도 필요하다. 우리나라가 지금보다 외국인 비율이 더 높은 다문화국가로 변화할 것은 이미 예정된 수순이다. 다문화의 형태도 추측하던 것 이상으로 복잡다단할 것이다. 당장에 우리가 참고할 만한 모델은 없지만, 우리 사회가 갖고 있는 잠재력과 올바른 다문화국가를 향한 비전이 조화를 이루면 대한민국의 미래는 다양한 색깔을 아우르며 밝게 빛나게 될 것이다.

이 책은 다문화와 관련한 관심사를 좇다 생긴 물음의 해답을 콘텐츠에서 찾아보자는 의도에서 출발했다. 데이터나 연구자료는 멀리 있고 영화와 콘텐츠는 우리 가까이 있다. 다문화사회에 대한 논의는 전문가들만 모여서 할 일이 아니다. 오히려 그들과 함께 부대끼고 미래를 살아갈 사람들에게 필요하다. 허구의 이야기지만 현실을 반영하는 영화와 드라마 등의 콘텐츠를 통해서 다문화에 대한 인식 변화를 찾아보려고 한다. 해서, 영화의 미학적 해석이나 비평보다는 영화 속 에피소드와 대사를 통해 다문화에 대한 이해를 높여보고자 했다. 책의 흐름은 종족, 민족, 사회, 피부색 등으로 이어진다. 영화 속에서 다루는 다문화는 보수적이기도 하고, 도발적이기도 하다. 이 책에서 소개하는 영화 속 다문화 이야기가 다양한 문화를 어떻게 존중하고 포용하고 함께할 것인지 영감을 얻는 계기가 되기를 바라면서 피부에 와닿는 우리의 숙제를 하나 나누려 한다.

– 영화평론가 고규대

목차

항상 우리 곁에 있어,

다문화가족

완득이

"어서 오세요!"

"신발 몇 신으세요?"

"난 괜찮아요."

"아이고. 꼭 맞네. 꼭 맞아."

"아뇨. 그냥 신고 가세요."

"3만 5,000원 하는 건데, 3만 3,000원만 내요. 근데. 둘이 무슨 사이인데, 이 양반이 이렇게 쩔쩔매나?"

"어머니예요. 어머니…"

하나의 삶으로 엮어낸 사제, 가족, 다문화

영화 〈완득이〉의 한 장면. 〈완득이〉의 줄거리는 완득이(유아인)와 학교 선생인 이동주(김윤석)의 만남과 화해가 주요한 축으로 진행된다. 영화 속 동주는 겉으로는 갈피를 잡을 수 없는 것처럼 보이지만 야학에서 이주노동자를 남몰래 돕는 등 따뜻한 마음을 가진 인물이다. 완득이도 점차 동주의 마음을 알게 되고 동주의 도움 아래 이종격투기 선수를 준비하면서 새벽 신문 배달을 하는 등 반항아의 기질을 점차 벗어 낸다. 동주가 운동장에서 말 안 듣는 완득이를 쫓다 신발이 벗겨지는 장면이나 동주를 도둑으로 오해한 완득이의 발길질에 기절한 뒤에 깨서 등에 업힌 채 능청을 떠는 장면은 캐릭터에 녹아든 김윤석의 연기력을 가늠할 수 있게 한다.

〈완득이〉를 또 다른 축으로 보면 다문화가정의 갈등과 화해가 보인다. 완득이의 어머니는 필리핀 출신 이주여성으로, 이 가정이 겪는 경제적 어려움과 사회적 편견을 다루고 있다. 다문화가정의 자녀인 주인공 완득이는 뜻하지 않게 등장한 외국인 어머니 때문에 정체성 혼란과 사회적 차별을 겪지만, 이를 극복해내는 과정을 통해 한국 사회 내 다문화가정의 현실을 조명한다. 완득이는 영화 중반 자신의 어머니가 필리핀인이고 부득이하게 자신을 떠난 것을 뒤늦게 알게 된다. 그럼에도 어머니의 부재에서 존재로의 변화가 주는 감동은 크다. 무심한 완득이지만 어머니에게 점차 가슴을 열고 그를 받아들이게 된다.

완득이는 몸이 불편하지만 춤 잘 추는 아버지와 마음이 조금 불편하지만 착하디착해 어느덧 가족이 되어버린 삼촌과 함께 산다. 아버지는 카바레에서 춤을 추면서 생계를 유지하다 카바레가 망하면서 삼촌과 함께 오래된 트럭 한 대를 끌고 행상 일을 시작한다. 가정환경이 그다지 풍족하지 않지만 완득은 별문제 없이 살아간다. 싸움 하나는 기가 막히게 하는 덕에 거리 행상에 나선 아버지를 괴롭히는 이들을 주먹으로 응징하기도 하지만 주먹 쓰는 걸 싫어하는 아버지에게 매번 혼이 난다.

그러던 완득이에게 한 가지 걸림돌이 생겼다. 옆집 옥탑방에 살면서 밤낮없이 자신을 불러대는 학교 선생 동주. 완득은 도대체 왜 동주가 자신을 귀찮게 하는지 알다가도 모를 일이다. 교회를 찾아 "제발 '똥주'를 죽여주세요"라고 하소연 같은 기도를 할 정도다.

동주는 휘뚜루마뚜루 아이들을 다룬다. 막말도 서슴지 않는다. 자율학습은 말 그대로 자율학습. 그런 동주는 완득에게 자꾸 관심을 둔다. 학교에서는 숨기고 싶은 가족사를 알리는 바람에 완득을 창피하게 만들기도 하고, 집에 오면 학교에서 수급받은 햇반마저 가져가는 이상한 모습으로 완득에게 다가온다. 한밤중에 쳐들어와 아버지, 삼촌과 술잔을 기울이는 건 다반사다. 그러던 어느 날 완득은 친엄마의 존재를 알게 된다. 동주는 존재조차 모르고 살았던 완득의 친엄마를 만나 보라고 권한다. 17년 동안 자신의 엄마가 어떤 존재인지 전혀 모른 채 살다가 담임선생님으로부터 엄마가 필리핀에서

ⓒ 영화사화

< 네이버영화

< 네이버영화

온 사람이라는 것을 알게 된다. 완득은 친엄마와 어떤 이야기를 나누게 될까?

E-9 비자 가족 초청 불가, 보편적 인권에 기반한 전향적 정책 필요

영화 〈완득이〉는 2008년에 출간돼 제1회 창비 청소년문학상을 받았고 70만 부 이상 팔린 김려령 작가의 베스트셀러 소설 『완득이』를 영화화한 작품이다. 소설 『완득이』는 같은 해 12월 연극으로 각색돼 무대에 오르기도 했고, 영화 흥행 후 2012년에는 뮤지컬로 제작되기도 했다.

〈완득이〉는 한국 사회 내 다문화가정의 현실을 사실적으로 그려내 다문화정책의 중요성을 시사한다. 사회적 편견과 차별을 줄이고, 다문화가정의 자녀들이 더 나은 환경에서 성장할 수 있도록 하는 다양한 정책적 지원이 필요하다는 메시지도 찾아볼 수 있다. 동주는 낮에는 학교 선생님으로, 밤에는 외국인노동자를 돕는 일을 한다. 법적, 제도적 사각지대에 있는 외국인노동자의 애환을 몸소 돕는 셈이다. 동주는 경찰서로 끌려가 구치소에 수감되기도 하는데, 이는 영화에서는 구체적으로 그려지지 않지만 불법체류자 등 법적 문제가 있는 외국인노동자로 인해 벌어진 일이었다. 완득 역시 이기적인 줄로만 알았던 동주의 숨겨진 따뜻함에 마음을 열게 된다.

완득의 어머니는 식당 노동자로 살아간다. 김치도 없

이 라면을 먹는 완득에게 반찬을 만들어주는 어머니의 모습도 보여준다. 완득은 어머니의 존재에 행복을 점차 알게 된다. "많이 보고 싶었다. 나는 나쁜 사람이다. 정말 미안하다. 함께 있어주지 못해 미안하다"는 어머니의 쪽지에 울컥하기도 한다. 어머니의 반찬 솜씨는 역시 완득이 아버지의 입맛에 맞춰져 있다. 완득은 말한다. "음식이 좀 짜요. 저 아버지처럼 그렇게 짜게 안 먹는데…. 그리고 다음에는 저한테 존댓말 하지 마세요."

여러 콘텐츠에서 다뤄지는 다문화인의 직업은 드라마틱한 설정을 노린 탓에 단순 기능직이 많다. 영화에 등장하는 또 다른 외국인 역시 얼굴에 밴드를 붙일 정도로 구박을 당하는 설정이다. 현실도 마찬가지. 현재 우리나라 다문화정책은 단순 기능 인력 중심이다. 완득이 아버지도 말한다. 아내와 헤어졌던 이유 중 하나는 카바레에서 일을 돕는 완득의 어머니를 손님들이 하녀처럼 보는 시선이 싫었기 때문이라고.

흔히 캐나다의 경우 투자이민, 미국의 경우 기술이민 등이 선호된다. 우리나라는 외국인노동자 중 단순 기능 인력에게 비전문취업비자 E-9를 발급한다. E-9 비자를 소지한 외국인은 가족을 한국으로 데려오는, 이른바 '가족결합권'이 없다. 한국에서 일해서 번 돈을 본국의 가족에게 송금하는 게 일반적인 이유다.

고용노동부 'e-고용노동지표'에 따르면 2024년 3월 기준 외국인근로자(E-9, H-2) 체류 인원은 무려 42만 6,408명에 이른다. 이 수치는 중국, 구 소련 지역 동포 등이 18세 이상일 때 한국어 능력이 검증되면 받을 수 있는 방문취업비자 H-2를 포함했다. 코로나19 팬데믹 당시 34만까지 하락하다 2023년부터 40만 명을 다시 넘어섰다. 국가별 외국인근로자(E-9) 체류 인원은 네팔(4만 7,710명), 캄보디아(4만 6,427명), 베트남(3만 8,055명), 인도네시아(3만 7,723명), 미얀마(3만 586명) 순이다. 이어서 태국, 필리핀, 스리랑카, 우즈베키스탄, 방글라데시 등이 외국인 근로자 체류 인원 중 상위 10개 국가다. 외국인근로자(E-9) 도입 인원인 10만 명을 넘는 수치다.

한국은 국제연합(UN·유엔)으로부터 인권 보호 차원에서 E-9 비자의 경우 가족결합권을 허용하라는 지적을 여러 차례 받은 바 있다. 고국에 있는 가족들을 데려오고 싶어도 현재의 E-9 비자로는 가족들을 초청할 수 없고, 여행비자 같은 단기 비자를 발급받아 잠깐 방문토록 하는 게 전부기 때문이다. 2022년 말 정부는 고용허가제 개편안을 통해 이주노동자들이 별도의 비자 연장 조치 없이 장기간 근무할 수 있도록 제도를 개선했다. 개편안에 따르면 E-9 소지 이주노동자들은 한 번 입국하면 최장 10년간 머물며 근무할 수 있다. 다만 고용허가제를 통해 입국하는 이주노동자 대부분이 E-9 비자 소지자들인데, 이들의 가족 초청을 불허했다는 점에서 가족결합권을 해친다는 지적이 나온다. 또 유엔과 국제노동기구(ILO)가 이주노동자들의 가족결합권을 최대한 보장하라고 권고하는 상황이라 여러 비판이 제기되는 것은 사실이다.

문제는 가족결합권을 인정할 시 일어날 수 있는 부작용이다. 외국인노동자의 가족이 한국으로 온다면 노동자의 월 생산성보다 그 노동자의 가족을 위한 교육 비용, 의료 비용 등 복지 지출이 더 높을지 모른다는 우려가 있다. 자칫 의료보험 '먹튀' 등 도덕적 해이에 대한 비판도 나올 수 있다.

이런 우려가 과장만은 아니다. 2024년 국회 보건복지위원회 남인순 의원실(더불어민주당)이 건강보험공단에서 받은

'외국인(재외국민 포함) 연도별·국적별 보험료 부과 대비 급여비 현황(2019~2023년)' 자료에 따르면 2023년 전체 외국인이 낸 보험료는 2조 690억 원(직장가입자 1조 5,015억 원·지역가입자 5,675억 원)이었다. 이들 외국인이 이렇게 부담한 보험료로 병·의원이나 약국 등 요양기관을 이용하고 건강보험에서 보험급여로 받은 전체 금액은 1조 3,287억 원에 그쳤다. 다만 중국인은 예외다. 중국인은 유일하게 보험료보다 급여 혜택을 많이 받아 640억 원 적자를 봤다. 따라서 향후 예상되는 문제를 꼼꼼하게 들여다보며 해결 과제를 정확하게 짚는 등 부작용을 막는 준비와 함께 가족결합권 등은 허용하는 전향적인 정책이 필요하다.

이제 완득이와 이웃, 친구 나아가 가족으로 살아가야 할 때

제2차 세계대전 이후 유럽 각국은 전쟁으로 황폐화된 국가를 재건하는 과정에서 심각한 노동력 부족 문제에 직면했다. 독일, 프랑스, 이탈리아 등은 이를 해결하기 위해 외국인노동자를 대거 유입시켰다. 이들 외국인노동자는 건설 현장이나 탄광 등 자국민이 꺼리는 힘든 작업에 투입되어 각국의 경제 발전에 크게 기여했다.

하지만 1990년대 이후 일자리 부족 현상이 나타나면서 외국인노동자들이 자국민의 일자리를 빼앗는다는 비판이 제기되기 시작했다. 더불어 외국인 이주민들에게 제공되는 복지 혜택도 논란의 중심에 섰다. 생활보조금이나 학비 지원 등 다양한 복지제도가 국민의 세금으로 충당된다는 점이 문제로 지적되었고, 일부는 외국인 때문에 의료 및 교육 서비스의 질이 저하되었다고 주장하기도 했다.

또 일부 이민자들은 현지 언어나 문화를 익히는 데 소홀하고, 정부의 복지 혜택에 의존하며 자신의 고유문화를 고집한다는 비판을 받았다. 이로 인해 이민자 자녀들은 이민자라는 이유로 차별을 겪으며 교육과 취업에서 어려움을 겪는 악순환에 빠지기도 했다. 나아가 기독교 중심의 유럽 사회에서 이슬람교를 믿는 이민자들과의 문화적 충돌이 빈번히 발생하면서, 자유와 평등을 강조하는 유럽 사회에서도 이러한 갈등은 해결하기 어려운 고통으로 작용했다.

대한민국은 오랜 기간 하나의 민족이라는 공동체의식을 갖고 살아왔다. 그 때문에 타인종, 타민족과 함께 어울려 사는 데 부담과 두려움이 있다. 더욱이 이웃이 아닌 가족으로 살아간다는 건 우리에게 익숙하지 않은 일이다. 그러니 많은 이주민들과 이웃이 되고 친구가 되고 가족구성원까지 되는 건 놀라운 사건의 연속일 터이다.

다문화국가로 진입하면서 인종, 민족, 문화 등의 다름에서 생기는 정서적 차이, 의사소통의 어려움에서 비롯한 불화 등이 수면 위로 떠올랐다. 실제로 고통을 받는 다문화가정이 생기고, 외모가 다르다는 이유로 공동체의 구성원으로 대접을 받지 못하는 일도 종종 일어난다. 우리는 이미 다문화국가로 진입했음에도 그 변화를 체감하지도, 받아들이지도 못하고 있다. 그 때문에 일부 부정적인 의미도 지닌 '다문화' 대신 공동체 등 다른 형태의 단어를 써 인식을 개선하자는 목소리도 나오고 있다.

완득이의 아버지는 허리 장애로 일용직 근로자에 가깝고, 어머니는 식당에서 일하는 이주노동자의 삶을 보여준다. 이렇듯 〈완득이〉에는 다문화가정과 이주노동자, 빈곤층, 장애인, 교육 등 여러 사회문제들이 등장하지만 이 모든 문제에 집중하지는 않는다. 이 모든 것에 전부 집중했다면 영화의 매력이 크게 떨어졌을 터다. 또한 결혼이주여성이 단지 경제적인 문제 해결을 위해서만 한국에 온 것은 아니라는 설정으로 진행된다.

완득이의 아버지는 허리가 굽었다. 완득이가 엄마에게 묻는다. "한국에 시집오실 때요, 아버지 저런 거 알고 오신 거예요?" 남편 될 이의 몸이 불편한 걸 알고 온 거냐고. 어머니는 답한다. "마음이 중요해요." 완득이는 그제야 이해한다. 시장에서 왜 엄마가 실한 닭은 마다하고 '폐닭'을 3마리나 샀는지, 엄마가 만들어준 반찬이 왜 그리 짰는지. 완득이의 아버지가 씹으면 씹을수록 고소한 폐닭의 식감을 즐기는 탓이고, 싱겁기보다 짭짤한 음식을 좋아했기 때문이다.

영화의 종반, 항상 존댓말을 하던 엄마는 "완득아, 완득아!" 하고 이름을 부른다. "이름을 불러보고 싶었어요." "한번 안아봐도 될까요?" 엄마의 속마음에 완득이도 가슴과 어깨를 내어준다.

완득이 부모를 바라보는 은근하지만 뜨거운 사랑의 시선은 다문화가족이 바로 우리 곁에 영원히 머물 소중한 이웃이라는 것을 일깨운다. 엄마에게 구두를 사주려고 들른 신발가게 주인이 완득이와 피부색이 다른 엄마와의 관계를 기이하다며 물을 때 '어머니'라고 읊조린 수많은 완득이가 우리 곁에 있을 터이다.

완득이(Punch)

개봉 2011

감독 이한

출연 동주 ∘ 김윤석

완득 ∘ 유아인

완득 아버지 ∘ 박수영

완득 어머니 ∘ 이자스민

옆집 아저씨 ∘ 김상호

제작 유비유필름, 어나더무비스

마이 리틀 히어로
마이 리틀 히어로

"다른 나라에서 온 엄마를 둔 사람을 어떻게 조선의 왕으로 뽑아?"

"세상의 편견과 싸우는, 이 무대에서라도 자유롭게 날게, 비슷한 처지의 다문화가정 아이들에게 꿈을….'

리얼리티와 PC 사이의 불편함

영화 〈마이 리틀 히어로〉의 한 장면. 뮤지컬 감독인 유일한(김래원)은 뮤지컬 오디션에서 김영광(지대한)을 오디션 첫 관문에 통과시킨 후 팬들의 응원을 받는다. 유일한은 팬들의 응원에 "다문화가족에게 꿈을 주고 싶다"는 가식에 찬 인터뷰를 한다. 자신의 속마음을 숨긴 채 정의로운 외양만을 거짓으로 드러내는 장면이다.

영화의 초반 유일한은 말한다. "누가 저 애를 조선 사람으로 보겠냐구. 오해하실까봐 말씀드리는데 이건 차별, 뭐 이런 차원이 아니구 리얼리티의 문제예요." 유일한은 자신을 음악감독에서 탈락시키려는 음모가 있다고 지레짐작하고, 영광이 그 단초가 될까 의심한다. '정치적 올바름(Political correctness·PC)'을 가진 이들에게 자신의 속물근성을 그대로 드러내는 것도 주저하지 않는다. 피부색이 다른 영광을 걸림돌로만 생각하는 이유다.

〈마이 리틀 히어로〉는 상반된 성격인 두 주인공이 서로를 이해하고 알아가는 과정을 담은 영화다. 뮤지컬 감독이 배우 지망생 다문화 소년을 만나면서 편견을 딛고 함께 꿈을 이뤄가는 여정을 밟아간다. 본인이 '말빨, 작곡빨, 옷빨' 등 '3빨'을 가졌다는, 허세와 속물근성으로 뭉친 음악감독 유일한. 한때는 촉망받던 뮤지컬 감독이었지만 '능력도 안 되는 놈이 대형 뮤지컬을 하다 말아먹은' 상태다. 그래도 아동 뮤지컬을 전전하며 재기를 꿈꾼다.

그런 유일한에게 브로드웨이에 진출할 수 있는 일생일대의 기회가 찾아왔다. 바로 뮤지컬 오디션 프로그램. 유일한은 대형 엔터테인먼트 회사 JM이 투자하고 주요 지상파방송사에서 편성한 뮤지컬 〈조선의 왕〉의 정조 역할 오디션 프로그램의 음악감독 다섯 명에 가까스로 합류한다. 블라인드 테스트로 아역 배우와 함께 팀을 이뤄 참가하는 이번 오디션은 그에게 그야말로 생존 전쟁이다.

그런데 이게 웬일인가. 유일한은 천상의 목소리를 타고 난 아역 배우를 블라인드 테스트로 골랐는데, 하필 그 아역 배우 지망생이 필리핀 엄마를 둔 영광이다. 영광은 노래 실력 하나는 탁월하다. 다만 조선의 왕 정조 역할에 어울리지 않는 얼굴색에다 노래 외에도 춤을 겸비해야 하는 뮤지컬 배우에 맞지 않는 춤 실력을 갖추고 있다.

우연찮게 한 팀이 되었지만 이제나저제나 영광이가 중도 포기하기만 바랄 뿐이다. 그럼에도 1등을 해야 자신의 생존에 도움이 되기에 유일한은 왼발을 축 삼아 몸을 빙글 돌리는 턴을 밤새워서라도 해내라고 영광을 닦달한다. 유일한이 몰랐던 건, 영광이 갖고 있는 열정과 노력이다. "진짜 악바리예요. 일

주일 내내 턴만 돌았어요. 감독님이 시켰다고." 영광은 유일한의 하드 트레이닝을 견뎌낸다.

유일한은 영광에게 반드시 우승해야 하는 또 다른 이유가 있음을 알게 된다. 속물근성으로 가득 찬 유일한은 영광과 함께 꿈을 이루게 될까? 영광은 이제 날 수 있을까?

종족의 울타리를 넘어 시민의 마음가짐으로

〈마이 리틀 히어로〉에서 영광 역을 맡은 지대한은 실제로 스리랑카인 아버지를 둔 다문화가족의 학생이다. 영화를 보다 보면 지대한의 출신 때문인지 몰입감이 배가 되는 기분을 느끼게 된다. 영광이 말고도 또 다른 다문화 배우로 등장

하는 성준은 우리 사회가 가진 다문화가족에 대한 편견을 이들이 어떻게 맞닥뜨리고 있는지 간접적으로 보여준다.

"다른 나라에서 온 엄마를 둔 사람을 어떻게 조선의 왕으로 뽑아?" 과연 2025년에도 이 같은 시각이 존재 가능할까? 2024년 6월 미국 언론은 월트 디즈니가 〈헤라클레스〉의 실사화 영화 주인공으로 흑인 배우를 고려하고 있다고 보도했다. 디즈니는 지난 몇 년간 다양성 추구를 기치로 유색인종 배우를 주인공 및 주요 인물로 캐스팅했다. 2023년 개봉한 〈인어공주〉에서는 하얀 피부에 붉은색 머리카락으로 오랜 기간 규정되어온 에리얼 역에 흑인 가수 겸 배우 할리 베일리를 기용했다. 또 마블의 어벤져스 시리즈로 유명한 '인피니티 사가'에 이어 여성을 주인공으로 마블 시리즈를 연이어 선보였다. 일각에서는 영화 자체의 본질에 집중하기보다 의도적으로 다양한 인종, 여성 중심의 서사를 전면에 배치했다는 비판을 받았다. 그 때문에 과도한 'PC주의'라는 지적을 받았고, 일부 스토리와 동떨어진 캐스팅으로 인해 흥행에도 참패했다.

〈마이 리틀 히어로〉는 혼혈 한국계 비(非)백인이 주인공으로 등장하는 몇 안 되는 작품이다. 지구촌은 하나라는 글로벌 시각과 달리 지역적이며 독립적이고 또 냉소적인 다문화에 대한 시각을 비판한다. 영화 초반 유일한의 겉과 속이 다른 말이나 행동은 우리 사회에 내밀하게 숨겨진, 다문화를 바라보는 위계질서 혹은 편견을 보여준다. 백인이 아닌 비백인 다문화가족에 대한 직설적인 표현도 등장한다. 영화는 차별과 편견을 딛고 모든 인간은 평등한 존재이며, 저마다 꿈의 형태와 방향은 달라도 각각의 인간은 가치 있는 삶이라는 것을 말미에 보여준다.

한 가지 되새겨야 할 점은, 영화 속 대사처럼 피부색이 조금 다르다고 동남아에 뿌리를 둔 다문화가족을 폄훼한다면 우리 역시 비슷한 처지가 될 거라는 점이다. 서구 문명에서는 한국인이든, 중국인이든, 일본인이든 구별하기 쉽지 않다. 동남아 출신 국가와도 크게 다르지 않다. 그저 아시아인, 황인종으로 분류될 뿐이다. 역지사지의 관점에서 본다면 우리가 차별할수록 우리도 차별받을 수 있다.

대한민국 사회는 이데올로기로 따진다면 종족적(ethnic) 민족주의의 개념이 중시된다는 게 전문가들의 견해다. 너와 나 외에 '우리'라는 단어가 상징하듯 하나의 틀과 하나의 종족이라는 인식이 강한 게 대한민국 구성원이다. 우리라는 단어가 뜻하는 것처럼 안에서는 티격태격하다가도 밖으로는 힘을 모아 대처하는 게 일상적이다. IMF 당시 너나 할 것 없이 집안의 금붙이를 선뜻 내놓으며 나라를 살리겠다고 나서고, 태안 기름 유출 사고 당시에는 지역과 관계없이 흔쾌히 팔과 발을 걷어붙이고 바다를 되찾겠다고 힘을 모았다. '위기 극복이 대

한민국 구성원의 '종특(종족적 특성)"이라는 농담이 나올 정
도다.

다문화국가로 진입을 앞둔 현재, 종족적 민족주의는 자
칫 걸림돌이 될 수 있다. 종족과 민족을 강조한다면 태생적인
한계에 봉착하게 된다. 너와 나를 넘어서 우리가 될 수 있는
기준은 무엇인가. 그동안 민족주의는 멀리는 1900년대 초반
애국계몽을 시작으로 독립운동, 통일운동, 산업발전 운동 등
에서 각기 다른 생각과 가치를 하나로 묶는 아주 좋은 도구였
다. 다행히 사실상 섬 국가처럼 고립된 대한민국의 특성상 외
부와 충돌과 그 충돌로 인한 문화접촉이나 문화융합이 적었
던 터라 그 도구는 기능적으로 잘 작동했다.

국가 간 이동이 자유로워진 지금, 우리는 획일적인 민족
정체성을 강조하는 대신 다민족·다문화국가로서의 민족주의
개념을 인정할 필요가 있다. 이 과정에서 겉으로는 아니라고
하지만 안으로는 뿌리 깊이 자리 잡은, 이민자의 국가와 인종,
피부색, 출신 등에 순위를 매기는 사고방식도 버려야 한다.

3월 21일은 '세계 인종차별 철폐의 날'이다. 1960년 3월 21
일 남아프리카공화국에서 인종차별에 반대해 평화적으로 집
회를 하던 중 경찰이 쏜 총에 맞아 69명의 시민이 희생된 것
을 기리는 날이다. 이날을 전후로 전 세계 각국에서 인종차별
에 반대하고 이주민의 권리 실현을 위한 행동이 전개됐다. 국

제연합(UN·유엔)이 지난 1966년 인종차별에 대한 경각심을 높이고자 지정한 날이다.

대한민국처럼 하나의 민족으로 구성된 민족국가는 세계적으로 이례적이다. 그 때문에 대한민국 구성원은 알게 모르게 인종주의적 차별을 일상에서 보여줄 때가 많다. 한때 '살색'이라는 단어가 무시로 쓰였던 게 대표적인 예다. 미국에서 백인이 흑인을 차별하는 것을 비판하면서 우리는 백인과 흑인을 동등하게 대하는지 생각해볼 문제다. 심지어 성소수자, 장애인, 종교적 소수자, 저학력자, 지역 거주민에 대한 비웃음 등은 가끔 법적으로 문제가 될 정도로 차별적이다. 그 때문에 대한민국이 '인종차별주의자 없는 인종차별적 사회'라고 풀이되기도 한다.

세계일보가 2020년 국내 거주 외국인 207명을 대상으로 한 설문조사 결과를 보면, 응답자 10명 중 7명이 '한국인은 피부색에 따라 외국인을 차별한다'고 답했다. 가장 차별받는 인종이 누구냐는 질문에 흑인이라는 응답이 가장 많았고, 가장 적은 응답은 백인이었다. 외국인 전문 인력을 대상으로 한 면접조사에서도 한국에 장기 체류하지 않는 이유 중의 하나로 외모로 인한 인종차별 문제를 꼽았다. 2018년 귀화한 흑인 프로농구 선수 라건아(부산 KCC)는 2023년 자신의 SNS로 인종차별적 표현과 욕설이 담긴 악성 메시지를 공개했다. 이 메시지에는 "KBL에서 뛰는 다른 외국인 선수들이 너보다 잘하니 네 나라로 돌아가라"는 문장과 함께 "나는 한국인들로부터 이런 메시지를 매일 받는다. 대부분은 그냥 차단하면 그만이지만 나는 이런 문제들을 매일 헤쳐나가야 한다"고 호소했다.

미국 시사주간지 〈US 뉴스 & 월드 리포트〉가 2023년 발표한 '인종차별적 국가 순위'에서 대한민국은 세계 79개국 가운데 9위를 기록했다. 세계에서 9번째로 인종차별적인 국가라는 의미다. 이웃 국가 일본은 의외로 23위를 기록했다. 인종의 용광로라고 불리는 미국 등 북미 지역에서 백인 우월주의에 근거한 유색인종 차별이 실제 하지만 인종차별이 상대적으로 적다는 의미로 풀이될 수 있다.

국가인권위원회가 지난 2022년 만 18세 이상 국민 1만 6,148명을 대상으로 실시한 인권 의식 실태조사에서 '한국 사회가 이주민에 대해 혐오 또는 차별적 태도를 가지고 있다고 생각한다'고 응답한 비율은 54.1%(매우 그렇다+조금 그렇다)에 달했다. 응답자 2명 중 1명은 한국 사회가 이주민을 차별한다고 본 것이다. 이주민의 인권이 존중되고 있다는 응답은 36.2%로, 여성(84.6%)과 장애인(50.4%) 등 취약 집단 중 가장 낮았으며 전년보다 1.3% 하락했다.

2023년 조사 결과에 따르면 이주노동자가 선출직 공무원이 되는 것이 불편하다는 응답은 2019년 48.9%에서 2023년

65.3%로 크게 증가했고, 결혼이주민에 대해서도 불편하다는 응답이 계속 증가해 2023년에는 과반인 53.8%로 나타났다.

최근 세계화, 국제화 물결과 함께 인구 감소로 인한 다문화국가로의 전환을 두고 시민적 민족주의 개념을 받아들여야 할 때다. 시민적 민족주의 개념에는 민주적 시민들이 공유하는 가치를 담은 정치적 민족주의 개념도 포함되어 있다. 즉, 종족적 정체성 외에 '공동의 감성'이 필요하다는 게 학자들의 의견이다. 종족적 민족주의를 강조하다 보면 자칫 배타적으로 타민족, 타인종과의 충돌을 피할 수 없다. 그 때문에 다문화 인식을 가진 다양한 사회와 국가의 구성원이 자발적인 참여를 통해 새로운 민족공동체 구성을 위해 시민적 민족주의를 적용해야 한다.

다문화에 대한 생각과 태도를 올바른 방향으로 일치시켜야

국가와 문화, 그리고 인종이 공존, 동화, 융합되면 또 다른 관점과 문화가 생성된다. 이론적으로 이민자의 정체성은 모국과 이민국 모두에 두고 섞이면서 융합해야 한다는 주장도 있다. 모국의 정체성이 강하고 이민국의 정체성이 약하거나 양국의 정체성을 모두 받아들이지 못할 때 어려움을 겪는다. 모국의 정체성이 약하고 이민국의 정체성이 강한 이른바 동화의 개념이나 양국의 정체성이 모두 강한 통합이 보다 긍정적이라고 할 수 있다.

시민적 민족주의에 대한 필요성이 대두되는 요즘, 역설적이게도 정치적 올바름(PC)이 위기를 맞았다. PC는 말의 표현이나 용어 사용에서, 인종·민족·언어·종교·성차별 등의 편견이 포함되지 않도록 하자는 의미다. 약자를 보호하고 편견을 배척하자는 취지는 옳다. 하지만 최근에는 PC에 반발하는 목소리도 나온다. 다양성을 갖자는 주장이, 도리어 일부 반대의 의견을 내는 것만으로도 비난을 받게 된 탓도 있다.

할리우드 배우 클린트 이스트우드(Clint Eastwood)는 미국 잡지 〈에스콰이어〉와의 인터뷰에서 "모든 사람이 암묵적으로 매우 지쳐 있습니다. 우리는 인종차별주의자와 같은 사람들을 비난하는 사람들을 많이 볼 수 있어요. 내가 자랄 때는 이런 것들은 인종차별이라고 불리지 않았어요."라고 말하기도 했다.

문제는 속과 겉의 차이다. 속으로는 인종·민족·언어·종교·성차별의 부정적 시각을 갖고 있음에도 겉으로는 올바른 척, 깨어 있는 척 정치·사회적 사상을 드러내는 이들이 적지 않다. 과연 정치적 올바름으로 바라본 다문화는 어떤 모양인가? 우리 사회는 어느 정도 선에서 이웃을 받아들일 자세가 돼 있는가?

영화의 말미, 유일한은 자신도 모르게 영광의 꿈이 곧

자신의 꿈과 닮았다는 걸 알게 된다. 미국 유명 음대 출신이라며 '3빨'로 자신을 포장한 것도 결국 꿈 때문에 잘못 꿰고만 셔츠의 단추와 같다. 유일한은 끝내 영광을 보호하고, 부당한 압력에 저항하는 정의를 갖게 된다. 속과 겉이 다른, 차별적인 민족주의자로 보였던 유일한의 드라마틱한 변화다.

마이 리틀 히어로(My little hero)

개봉 2013
감독 김성훈
출연 유일한◦김래원
영광◦지대한
희석◦이성민
성희◦조안
정일◦이광수
제작 초이스컷픽쳐스

하노이 신부

"내 동생하고 결혼할 건가요?"

"아직 거기까지는….."

"적당히 데리고 놀다가 차버리고 한국 가면 다른 여자하고 결혼하겠지."

"당장 없어져! 어서 꺼져! 너 같은 녀석은 용납할 수 없어. 당장 없어져."

여기는 하노이. 언니는 동생과 만나는 한국인 남자가 미심쩍다. 동생 리티브(김옥빈)와 사랑에 빠진 한국인 남자 은우(이동욱)에게 동생의 언니가 묻는다. 결혼할 거냐고, 사랑이냐고. 직설적인 질문에 남자는 대답하지 못한다. 언니는 동생과 놀다 헤어지면 결국 한국 여자랑 결혼하는 게 아니냐며 동생에게 상처를 줄까 한국 남자를 거칠게 몰아세운다. 언니는 자신과 아이까지 버린 한국인 남자에 대한 설움을 갖고 있다.

언니의 염려는 결국, 한국인 남자와 베트남 여자로 설정된 이들 커플이 앞으로 험난한 길을 맞는 오해를 낳게 된다.

> *"너는 한국 남자면 아무나 무는 따이한 킬러냐?"*
> *"한국 남자만 골라서 갖고 노는 베트남 꽃제비도 있다는 데."*

또 다른 장면. 뜬금없이 등장한 베트남 여자 리티브. 게다가 은우의 형 석우(이원종)와 국제결혼을 앞둔 사이라니. 은우는 리티브의 황당한 등장에 모진 말을 내놓는다. 은우에 이어 형 석우까지 한국인만 만나러 다니는 '따이한 킬러'냐고.

국경을 넘는 사랑은 진정 아름다운가

〈하노이 신부〉는 2005년 9월 추석 특집극으로 SBS에서 방송됐다. SBS 〈황금 신부〉, 〈하노이 신부〉 등 동남아에서 한국으로 시집온 외국인들의 이야기가 2000년 초반 우리나라 콘텐츠에 등장하기 시작했다. 국제결혼, 특히 매매혼으로 의심받는 일부 사례를 포함한 국제결혼 커플 스토리로, 다문화라는 단어조차 익숙하지 않은 때에 우리 일상생활의 변화를 미리 콘텐츠가 대변한 셈이다. 당시 EBS 드라마 〈꾸러기 천사들〉에는 한국인 아빠-베트남인 엄마 사이에서 태어난 현민이라는 친구의 등장도 눈길을 모았다. 호주인 아빠–한국인 엄마 사이에서 태어난 주희–주혁 쌍둥이도 이 드라마에 등장했다.

흔히 국경을 넘은 사랑이라고 아름답게 표현하지만 그 이면에도 아름다움만 있을까? 국제결혼은 현재 다문화사회에 어떤 의미를 주는 것일까?

누가 봐도 번듯한 청년의사 은우는 베트남으로 의료봉사를 떠난다. 은우는 동시통역을 돕는 하노이대학 한국어과 학생 리티브의 도움을 받게 된다. 때 묻지 않고 수줍음 많지만 일과 사랑에는 적극적으로 나서며 주변을 밝게 만드는 매력적인 여성이다. 시골에는 동네 이장인 듬직하고 순수한 형석우와 차밭 농사를 하는 어머니가 있다. 어머니는 환갑이 지났음에도 며느리가 없어 내내 속을 앓는다. 은우는 리티브와 사랑에 빠진다. 이기적이고 철딱서니 없어 제대로 사랑에 빠져본 적이 없는 은우에게는 이상한 일이었다.

리티브의 언니는 동생이 혹 상처를 받을까 겁이 난다. 리티브의 언니는 한국인 남편에게 4년 남짓 사랑을 쏟고 딸 리하까지 낳았으나 버림받았다. 자신을 버린 남편 덕분에 배운 한국요리 실력으로 한국 상사 주재원의 가정부로 일하면서 동생 리티브와 딸 리하를 키웠다. 은우가 혹 자신을 버린 남편처럼 동생을 버리지는 않을까 염려한다. 결국 은우와 리티브의 가느다란 끈은 리티브의 언니 때문에 우연찮게 끊어진다.

한국에 돌아온 은우, 어느 날 은우는 형 석우가 데리고 온 결혼 상대자를 보고 깜짝 놀란다. 그 여성을 바로 리티브. 리티브는 석우가 은우의 형이라는 걸 우연찮게 알고 결혼 상대자를 찾으러 베트남에 온 석우에게 접근한 것이다. 은우를 만나기 위해서. 오해가 쌓이고 쌓이면서 은우와 리티브의 한국 생활을 더 긴 벽을 만든다. 마음속 깊은 곳에 서로에 대한 사랑을 품고 있지만 의심과 불안은 두 사람의 사랑이 드러나지 못하게 만든다. 마음씨 순수한 석우 역시 알고 보니 리티브가 은우를 사랑한다는 걸 깨닫고 자신의 곁을 오래 지킨 초등학교 동창이자 친구인 일란(유혜정)에 대한 사랑을 발견한다.

리티브는 또다시 은우를 두고 베트남으로 떠난다. 은우와 리티브의 사랑은 과연 이어질 것인가?

'국적 먹튀' 등 어두운 이면 없지 않으나 결국은 사랑

〈하노이 신부〉는 베트남으로 의료봉사를 떠난 청년의사 은우와 베트남의 동시통역 여대생 리티브의 사랑을 통해 이색적인 사랑을 다뤘다. 당시만 해도 농촌에 가면 '베트남 처녀와 결혼하세요'라는 국제결혼 알선 업체의 플래카드가 걸려 있던 때다. 베트남 여성과 국제결혼은 많은 문제를 남겼다. 버려진 한국인 남성과 베트남 여성의 자녀인 라이따이한의 문제가 드라마에 녹여졌고, 농촌 총각과 베트남 처녀의 이른바 매매혼

같은 악습도 비판적으로 다뤘다. 흔히 드라마에서 등장하는 삼각구도의 사랑은 베트남 여성이라는 코드로 인해 문화와 언어, 그리고 감정의 차이라는 다층적 재미를 만들어냈다.

〈하노이 신부〉는 베트남 하노이와 하롱베이의 풍광, 김옥빈의 수수한 모습, 그리고 한국 드라마 특유의 긴장감 넘치는 전개로 큰 인기를 모았다. 방송 이후 SBS는 이례적으로 방영된 지 얼마 지나지 않은 2005년 10월 3일에 재방영했다. 〈하노이 신부〉에는 베트남 언어도 실제 등장하지만 DVD에는 한국어, 영어 자막과 함께 국내 최초로 베트남어 자막이 수록됐다. 제40회 휴스턴 국제 필름 페스티벌에서 TV 특집 드라마(Special-Dramatic) 부문 대상을 받았다.

20년 남짓 지난 현재, 국제결혼은 어떤 모습일까? 먼저 베트남의 통계 기록을 살펴보자. 2024년 외국인과 혼인한 베트남인이 1만 8,200명에 달한 것으로 나타났다. 베트남 외교부 영사국이 2024년 말 내놓은 '국제결혼 실태조사 보고서'에 따르면 10월까지 외국인과의 혼인 건수는 모두 1만 8,200건으로 집계됐는데, 이 가운데 90%가 여성이었다. 보고서에 따르면 베트남인이 국제결혼을 결심한 큰 이유로는 경제적 문제다. 일반적으로 외국인과의 결혼은 빈곤을 벗어나 일자리를 찾는 해결책 중 하나로 여겨지고 있으며, 실제로 많은 베트남인이 결혼 뒤 가족에게 집을 지어주거나 생활비 등 금전 지원을 하고 있는 것으로 나타났다. 또한 가족이나 부모의 뜻에 따라 타의로 외국인과 결혼하는 사례도 적지 않았던 것으로 나타났다. 외국인과 결혼한 이웃이 잘 사는 모습을 본 많은 사람들은 자신이나 자녀가 그렇게 되길 희망하며, 이 중 일부는 친척들과 친구들에게 외국인들과의 만남을 주선하고 있다. 이 보고서에 따르면 2017년부터 2022년까지 베트남인과 결혼한 외국인은 총 8만 4,600명으로 대만이 1만 7,300명으로 가장 많았고 한국이 1만 3,900명, 미국 1만 3,000명, 중국 5,300명 등의 순을 기록했다.

다음은 한국의 기록이다. 통계청이 발표한 '2023년 혼인·이혼 통계'에 따르면 그해 혼인 건수(혼인신고 기준)는 19만 4,000건이다. 2022년과 비교할 때 1%(2,000건) 증가했다. 이 중 10.2%가 외국인과의 혼인이다. 외국 여성과 혼인은 74.6%, 외국 남성과 혼인은 25.4%였다.

한국 남성과 혼인한 외국 여성 국적은 베트남 3,319건(33.5%), 중국 2,668건(18.1%), 태국 2,017건(13.7%)이었다. 외국인 남성과 혼인은 5,000건으로 전년 대비 7.5%나 늘었는데, 미국 1,386건(27.7%)으로 가장 많았고 중국 921건(19.4%), 베트남 281건(15.8%) 등의 순이다.

통계청의 자료에서 한 가지 특이한 함의를 찾을 수 있다. 한국인 아내가 외국인 남성과 재혼하는 경우는 2021년 1,447

건, 2022년 1,647건, 2023년 1,970건으로 꾸준히 늘고 있는 추세다. 이 중 베트남 남편과 재혼이 눈에 띄게 늘었다. 2021년 420건, 2022년 556건, 2023년 752건이었다. 결혼 후 한국 국적을 취득한 베트남 여성이 한국 남편과 이혼 후 다시 베트남 남성과 재혼하고 있다는 주장이 나온다. 이는 다른 나라 국적인 남성과 결혼한 한국 여성 사례와 비교하면 크게 대비된다.

외국 여성이 한국으로 귀화하는 방법은 여러 가지가 있다. 그중 혼인으로만 살펴보자. 국적법 제6조 간이귀화 요건 중에는 한국인 배우자와 혼인한 상태로 대한민국에 2년 이상 계속하여 주소가 있는 사람이거나 한국인 배우자와 혼인한 후 3년이 지나고 혼인한 상태로 대한민국에 1년 이상 계속하여 주소가 있는 사람 등이 있다. 국적법 제5조에 기재된 일반 귀화 요건 중 하나인 '5년 이상 계속하여 대한민국에 주소가 있을 것' 등보다 간소하다.

그 때문에 일각에서는 '국적 먹튀'를 위한 사기 결혼이 많다는 지적도 나온다. 한국인 남편과 혼인해 한국 국적을 취득한 후 이혼하면 자신의 출신국 남성을 한국으로 불러 혼인하는 게 가능하다. 특히 그 과정에서 이혼을 하기 위해 일부러 가정에 소홀하거나 언어폭력 등으로 한국인 남편의 폭력을 유도한다는 의심도 등장한다.

2024년 7월 한 온라인 커뮤니티에는 결혼 6일 만에 가출

해 연락 두절된 베트남 아내를 찾고 있다는 남성의 사연이 등장했다. 게시글에 따르면 남성은 2023년 11월 결혼중개업체를 통해 만난 베트남 여성과 결혼했다. 중개비로는 1,380만 원을 지불했고, 지참금과 비행깃값 등을 포함하면 결혼에만 3,000만 원 이상 썼다. 둘은 베트남에서 혼례를 치르고 한국으로 들어왔다. 남성이 이상한 낌새를 느낀 건 결혼 이틀 만이었다. 아내는 서서히 신체 접촉을 피하더니 집에서 잠만 자려고 했다고 남성은 주장했다. 부부관계는 결혼 첫날밤을 포함해 총 두 차례뿐이었다. 결국 결혼 6일 만에 집을 나갔다. 이후 지금까지 연락 두절됐으며, 비자도 1월 26일 만료돼 불법체류 신분이 됐다. 남성은 결혼중개업체를 사기죄로 고소했다. 다만 업체 측은 "결혼 성사 후 현지에서는 전혀 의사를 표현하지 않고 모든 일정을 정상적으로 마친 뒤 한국에 입국해 파혼을 원할 경우 그 모든 책임은 회원에게 있다"며 책임을 피하고 있다. 남성은 법적 책임을 지게 하고 싶지만, 마땅한 법이 없어 공개수배를 하게 됐다고 설명했다.

이른바 '국적 먹튀' 피해 사례는 다수 있다. 국제결혼피해센터에 따르면 2022년 접수된 '국적 먹튀' 관련 상담 건수만 300건에 달한다. 이처럼 귀화 한국인 아내와 특정 국가 남편 간 혼인이 많은 배경 중 하나로는 국적법에서 제시한 짧은 혼인 기간이 지목된다. 다만, 귀화 한국인 아내와 외국인 남편

간 혼인을 부정적인 시각으로 바라보는 것은 시대착오적이라는 지적이다. 가정폭력 등 한국인 남편의 잘못으로 이혼한 뒤 재혼한 사례, 이혼 후 국내에서 본국 출신 외국인근로자와 만나 자연스럽게 혼인한 사례 등이 많기 때문이다.

국제결혼에도 어두운 이면은 존재한다. 한국인 남성과 결혼해 국내에 거주하고 있는 외국인 배우자가 가정 내에서 폭력이나 학대 피해에 노출된다는 지적도 나온다. 통계청이 '배우자와의 다툼 이유'를 물은 결과 배우자의 폭언 및 폭력 등도 등장한다.

2024년 말 아시아 지역의 사건·사고를 소개하는 한 유튜브 채널 '다크 아시아 위드 메건(Dark Asia with Megan)'은 '한국인 남편은 미국인 아내를 학대하고, 그녀의 아이까지 데려갔다'는 제목의 영상을 올렸다. 진행자 메건은 "2013년부터 2019년까지 한국에서 2만 1,000건 이상의 외국인 배우자와 관련된 가정폭력 사건이 보고됐으며, 이는 빙산의 일각일 것"이라며 "외국인 여성들은 언어장벽과 권리의 불확실성으로 인해 고립돼 있고, 이로 인해 더 큰 어려움을 겪는다"고 짚었다.

제보자 코트니는 한국인 남성과 결혼해 국내에 거주하고 있는 미국인 여성이다. 코트니는 자신은 물론 두 딸들에게까지 자상한 남편의 모습을 보고 재혼을 결정했다고 소개했다. 하지만 2023년 임신을 한 뒤부터 남편의 달라진 모습을 보게 됐다고 주장했다. 제보 내용에 따르면 남편은 "너를 내쫓겠다", "아이들도 내쫓겠다"라며 폭언을 하기 시작했다. 한국의 언어와 제도에 익숙하지 않아 경찰의 사건 처리 과정에서 어려움을 겪었다며 분통을 터뜨렸다.

과거 한국에서도 미국 국적을 취득하기 위해 미국인과 혼인하는 게 하나의 사회 현상일 때가 있었다. 이를 소재로 한 대표적인 예가 영화 〈깊고 푸른 밤〉(1985)으로, 미국으로 건너간 한국 이민자의 꿈과 좌절을 그렸다. 영화에서 주인공 백호빈(안성기)은 미국에서 성공하고픈 꿈을 가진 남자다. 한국에 아내와 아이가 있음에도 미국 국적을 가진 한국계 여성 제인(장미희)에게 계약 결혼을 제안한다. 영주권을 얻기 위해서다. 까다로운 이민국 직원 앞에서 인터뷰를 겨우 마치고 미국 시민의 자격을 취득하지만 호빈과 제인의 욕망과 사랑이 충돌하면서 파국으로 치닫는다.

2023년 결혼한 부부 10쌍 중 1쌍은 외국인과 결혼했다. 말 그대로 국제결혼은 일상으로 다가왔다. 다문화 역시 예상된 일이다. 〈깊고 푸른 밤〉의 줄거리는 마치 한국 국적을 취득한 베트남계 한국 여성과 베트남 국적 남자의 결합을 연상케 한다. 결혼을 통해서든 취업을 통해서든 한국에 오려는 사람이 는다는 걸 부정적으로만 보긴 어렵다. 다만 사랑 없는 결합, 먹튀를 위한 사기 결혼 등은 경계해야 할 일이다.

〈하노이 신부〉가 다문화사회에 주는 교훈은 영원한 진리에 가깝다. 결혼에는 사랑이 필요하다. 우리 역시 단일민족 신화가 깨지고 '외국인=백인'이라고 생각했던 것도 옛날이야기가되어 안방극장과 스크린에서는 이미 다문화사회가 된 한국의오늘을 조명하는 이야기와 캐릭터가 적극적으로 그려지고 있다. 국제결혼 가정이 겪는 행복, 고통 등 다양한 과정에 대한사회적 인식의 개선이 필요하다. 나아가 다문화가정의 자녀들에 대한 교육 및 지원 강화, 그리고 이민자들이 사회의 구성원으로서 자리 잡을 수 있도록 돕는 정책의 마련도 구체적이고체계적으로 세울 필요가 있다. 이는 단지 이민자들만의 문제가 아니라 대한민국 사회 전체가 함께 고민하고 해결해나가야할 과제다.

하노이 신부(Hanoi bride)

방송 2005
연출 박경렬
출연 박은우◦이동욱
리티브◦김옥빈
박석우◦이원종
송일란◦유혜정
은우·석우 엄마◦강부자
편성 SBS

덕구

"오이가 아니고 오리다. 공부해라, 공부."

영화 〈덕구〉의 한 장면. 주인공 덕구가 질문을 던진다. 아직 한국어에 서툰 엄마. 엄마의 정체성은 무엇인가? 그리고 덕구 자신의 뿌리는 어디인가? 다문화가족의 정체성은 모호하다. 모국 혹은 부국의 자손인가? 아니면 대한민국의 일원인가? 자신의 정체성과 뿌리를 이해하고 받아들이는 과정에서 겪는 혼란과 궁금증은 덕구의 마음에 어떤 영향을 줬을까?

다문화가족의 국민 정체성(National identity)은 어떠할까? 영화 〈덕구〉는 다문화가족 그리고 그 가족의 2세가 겪는 국민 정체성의 단면을 그려낸다. 대한민국인은 태생과 같은 신체적 혈연으로만 규정할 수 있을까? 아니면 언어능력이나 국가에 대한 충성 등 내부적 인식으로도 가능할까? 우리나라 사람은 꼭 같은 민족이어야만 할까?

지금도 농촌에서 만날 수 있는 다문화가족의 모습

덕구는 일흔 살 할아버지(이순재)와 그의 손주 덕구(정지훈), 덕희(박지윤)의 이야기다. 할아버지의 며느리이자 덕구의 엄마는 인도네시아 출신이다. 덕구의 아빠가 사고로 세상을 떠난 후 덕구의 엄마 바네사(체리쉬 마닝앗·Cherish Maningat)는 보상금 2,000만 원을 빼돌린다. 할아버지는 며느리를 용서하지 못하고 쫓아내고야 만다.

할아버지는 의사인 조카로부터 살날이 얼마 남지 않았다는 걸 알게 된다. 식당에서 불판을 개당 300원씩 받고 닦으면서 먼지를 많이 마신 탓일까? 폐암에 걸렸다. 정성껏 손자 손녀를 키웠으나 이젠 더는 감당하기 힘들다. 덕희는 동네 또래 아이들에게 다문화가족이라고, 엄마가 돈 가지고 도망쳤다고 놀림과 무시를 당한다. 덕구와 덕희는 할아버지의 사랑에도 엄마에 대한 그리움을 감추기 어렵다.

덕구가 친구의 게임기를 훔쳤다는 오해를 받고, 선생님으로부터 "그 핏줄 어디가겠노"라는 말을 듣자 할아버지는 교실 안 모두가 지켜보는 가운데 덕구에게 회초리를 들기도 한다. 덕희도 엄마가 없으니 자꾸 다른 아이들과 자신을 비교하면서 아쉬워한다. 덕희가 반응성애착장애를 가졌다며 "엄마가 필요한 깁니다"라는 말에 "할배로는 안 되나. 최고로 잘해줘도 안 되는 긴가"라고 아쉬워한다.

할아버지는 손자 손녀를 돌봐줄 사람을 찾다가 아이들이 여전히 엄마를 그리워한다는 걸 알게 된다. 죽음이 가까워지자 친지에게 여행 경비를 빌려 며느리를 찾으러 인도네시아로 떠난다. 그곳에서 사돈집을 찾았다가 며느리가 자신의 아들과 결혼하기 전에 모국에서 딸을 낳았었고, 그 딸이 병들어 돈 2,000만 원을 송금한 사실을 알게 된다. 사돈은 할아버지가 돈을 준 덕분에 손녀가 살아났다고 진심으로 감사를 표한다. 며느리는 인도네시아로 도망간 게 아니라 경기도 안산 어느 공장에서 일하고 있었고, 할아버지는 며느리의 주소가 적힌 편지 봉투를 들고 돌아온다.

할아버지는 귀국한 후 병이 깊어져 입원을 한다. 할아버지는 며느리에 대한 오해를 풀었으나 사과를 하지 못하고 떠날까봐 걱정이 앞선다. 덕구는 병문안을 갔다가 엄마의 주소를 알게 된다. 덕구는 하늘에 있는 아버지에게 답을 구하고 할아버지를 대신해 엄마 사진과 편지봉투를 들고 안산 시내를 헤맨다. 지인에게 덕구가 자신을 찾는다는 소식을 전해 들은 덕구 엄마는 돌아온다. 손에는 통장을 들고 "2,000만 원 다 못 모았다"고 말한다. 할아버지는 이제야 며느리에게 용서를 구하고, 가족은 다시 하나로 모이게 된다.

〈덕구〉는 2025년 지금도 도시가 아닌 농촌에서 만날 수 있는 다문화가족의 모습 중 하나다. 영화의 촬영지는 경상북

도 고령군 쌍림면 평지리, 대가야읍, 덕곡면 등지로 고령군에서 영화의 약 90%가 촬영됐다고 한다. 영화의 메가폰을 잡은 방수인 감독은 영화의 초고를 쓰고 개봉하기까지 8년의 시간을 썼다고 한다. 영화의 메시지와 감독의 열정 덕분인지 걸출한 연기력의 이순재 배우가 노개런티로 출연했다. 덕구 역을 맡은 정지훈은 1,000대의 1의 경쟁을 뚫고 캐스팅돼 관객의 눈물샘을 자극하는 애달픈 감정 연기를 선보여 화제가 됐다.

종족이 아닌 시민으로서의 국민 정체성 필요

국민 정체성이라는 단어가 있다. 한 국가의 국민이 지닌 자신에 대한 규정이라 할 수 있다. 다시 말해 국민 정체성은 구성원이 스스로 '나는 어느 나라의 국민인가'를 규정하는 자기 인식이다. 국민 정체성은 오랜 기간 단군의 자손, 배달의 민족 등이라는 수식어로 단일민족이라는 인식이 강한 우리에게는 명확하다. 피부색, 언어, 인종 등이 끼어들 여지가 없다. 대한민국 땅에서 100년 넘게 살아왔거나 살아온 이들이 바로 대한민국인이 가진 국민 정체성이다.

　　너무 확고한 국민 정체성은 다른 국가에 대한 편견으로 작용한다는 오해가 있다. 한국인은 배타적이거나 차별적이라는 거다. '우리는 한민족'이라는 집단적 자아는 다른 민족, 국가, 국민에 대한 마음 깊은 어딘가의 장벽으로 작용한다. 게다가 밖으로는 한반도의 오랜 침탈국인 중국과 일본의 위협은 여전하다. 김치나 한복이 자신의 문화라 우기는 중국의 동북

공정이나 독도 소유권 야욕이 여전한 일본의 혐한 등이 그 위협이다.

　우리나라 근현대사의 국제결혼은 한국전쟁 당시 미군과의 결혼이 두드러진다. 우리가 아는 국제결혼은 주한미군이나 국내 거주하는 외국 기업의 남성이 한국인 여성과 하는 결혼이었다. 1990년대 결혼 적령기의 농촌 미혼 남성을 대상으로 농촌 총각 장가 보내기 등이 시작된 이후 외국인과의 국제결혼은 급증했다. 이후 한국인 남성이 중국과 동남아시아 출신의 여성과 결혼하는 형태의 국제결혼으로 변모했다. 이후 다문화가족이라는 개념이 등장했다. 다문화가족지원법에 따르면 다문화가족은 결혼이민자와 대한민국 국적을 취득한 자로 이루어진 가족을 일컫게 됐다.

　영화 속에는 나는 누구인가, 되묻는 장면이 나온다. 할아버지는 경주 김가 67대손 장손이라고 덕구에게 가르친다. 덕구는 시골 아랫목에서 아침 단잠을 깨고 일어나면 "최 금자 순자, 박 정자 수자" 등등 조상의 이름을 외워야 한다. 할아버지는 덕구의 엄마가 인도네시아 출신이지만 자신의 피를 이어받은 핏줄 인연을 강조한다. 덕구는 그래도 엄마가 그립다. 엄마가 돈을 갖고 튀었다는 말을 들어도 "거울만 보면 자꾸 엄마가 생각 난다".

　할아버지가 핏줄을 강조하는 장면과 덕구가 엄마와 한

국어로 대화를 하는 장면은 대비된다. 태생, 혈연 등 귀속적 유대감을 강조하는 종족성 국민 정체성과 자기 인식, 전통에 대한 계승 등 공동체의식을 강조하는 시민적 국민 정체성의 충돌이다(공수연 2021, 대학생의 국민 정체성). 종족적 국민 정체성은 주로 혈통, 출생지, 문화적 전통과 같은 귀속적 조건에 의해 국민을 정의하는 개념이다. 이는 특정 민족이나 인종적 배경을 기반으로 형성된 정체성으로, 한 국가의 국민으로서의 자격을 규정하는 데 있어 출생이나 혈통과 같은 생물학적, 유전적 요소가 중요한 역할을 한다. 시민적 국민 정체성은 한 국가의 성원들이 스스로를 '누가 국민인가?'라고 규정하는 자기 인식의 개념이다. 단순히 혈통이나 출생지와 같은 귀속적 조건에 의한 정체성(종족적 국민 정체성)과는 다르다.

한국에서 태어났고 한국인 조상을 갖고 있고 대부분을 한국에서 살아온 덕구와 덕희. 한국 국적을 갖고 있고 한국어를 할 수 있는 엄마 바네사. 이제껏 우리 사회는 한국인 조상을 가진 이들만을 유일하게 한국인으로 규정해왔다. 이러한 국민 정체성 규정은 사회가 빠르게 다문화사회로 접어들면서 변화할 필요가 있다.

그간 우리는 종족적 국민 정체성을 중요시하고 시민적 국민 정체성을 그다지 필요로 하지 않았다. 하지만 덕구와 덕희는 물론이고, 바네사 역시 대한민국인이다. 〈덕구〉는 다문화가정이 겪는 부모와 자녀 간 언어적, 문화적, 사회적 도전을 사실적으로 묘사하며, 우리 사회가 민족성 정체성을 어떻게 가져야 하는지 보여준다.

이중언어 교육, 다문화사회로 가는 징검다리

영화의 중반 한국어를 배우는 엄마와 이를 가르치는 아이의 대화가 등장한다. 다문화가족의 배우자는 한국 언어와 문화에 익숙하지 않다. 이미 성인이 된 다음에 한국에 입국한 터라 언어와 문화를 받아들이는 게 어렵다. 그렇다 보니 각각의 언어가 함께 쓰이거나, 배우자마다 다른 언어를 쓰거나 갖가지 형태로 나타난다. 예를 들어 하루의 대부분을 가족과 보내는 아이의 경우 부모의 단어 습관, 언어 영역, 대화 빈도 등에 따라 언어의 발달 수준이 달라질 수 있다.

〈덕구〉에서 엄마의 한국어 실력이 언급되는 것처럼 다문화가족의 외국인 배우자의 한국어 실력이 자녀의 자존감 등에도 영향을 미친다는 연구 결과도 있다. 한국어 능력이 자녀의 언어 발달을 넘어서 자아 형성, 사회 동질감 획득, 나아가 시민적 국민 정체성을 갖는 데 절대적인 영향을 미친다. 그 때문에 다문화가족의 외국인 배우자와 그 자녀들을 위한 한국어 교육 과정을 정부에서 적극적으로 지원하고 있다.

1948년 제1차 중동전쟁이 발발했을 때 이를 방어하기 위해 모인 이스라엘 군인들이 사용하는 언어는 17개가 넘었다고 한다. 서로 소통이 되지 않았고 작전을 수행하기 힘들 정도였다. 유대교와 애국심만으로는 국가를 건설할 수 없다고 판단하는 계기가 된 것이다. 전 세계에 흩어져 살던 유대인들은 사용하는 언어가 서로 달라 소통이 어려웠고 전 국민을 통합할 수 있는 언어를 국어로 사용하기로 했다. 그들은 이미 수천 년 전에 죽은 히브리어를 다시 살려내 전 국민을 교육했다. 이를 언어 부흥(Language revival)이라고 한다. 이스라엘에 정착한 유대인의 언어교육 결과표를 보면 34~35세 이상의 학습자들은 언어 학습에 어려움이 컸다고 한다. 35세를 넘어가면 언어 학습에 탄력을 잃어가는 듯하다.

우리나라와 달리 다른 나라에서는 하나의 언어만이 사용되지 않는다. 정부에서는 다문화아동·청소년이 다문화가족으로서의 강점을 살려 국제적 인재로 성장할 수 있도록 전국 가족센터에서 운영 중인 이중언어 학습 지원을 강화하고 있다. 이중언어 교육은 다양한 인종, 문화가 공존하는 다문화사회에서 두 가지 이상의 언어를 구사하는 것을 문화적 강점으로 인식하고, 가정, 학교, 사회가 교육을 통해 언어능력을 길러주자는 의미다. 정부는 2014년부터 다문화가족 자녀들이 영유아기부터 모국어가 다른 엄마·아빠 나라의 언어를 자연스럽게 배우고, 이중언어 역량을 키워나갈 수 있도록 '이중언어

가족 환경 조성 사업'을 벌여왔다.

영화의 말미 덕구가 자신을 찾는다는 소식에 집으로 돌아온 바네사. 할아버지는 "남의 집에 왔나. 이래 돌아와줘 고맙다"며 용서를 구한다. 종족성 정체성을 자신도 모르게 강조했던 할아버지의 화해의 목소리는 엄마와 아이, 그리고 가족의 소중함이 어떤 민족 정체성보다 먼저일 수 있다는 것을 말하고 있다. 결국 우리가 지녀야 할 다문화가족에 대한 시각은 이주민과 그 자녀들이 사회에 원활하게 통합될 수 있도록 응원하고 지원하는 게 아닐까.

덕구(Stand by me)

개봉 2018
감독 방수인
출연 덕구 할배 ◦ 이순재
김덕구 ◦ 정지훈
고백 할배 ◦ 장광
덕구 엄마 바네사 ◦ 체리쉬 마닝앗
제작 (주)영화사 두둥, (주)곰픽쳐스

다름을 넘어 우리로

- 방수인 감독 -

영화 〈덕구〉는 다문화가족이 겪는 현실을 다양한 시각에서 직설적으로 표현한 작품이다. 결혼이민자와 기존 거주민 간의 갈등, 전통적 관습에 익숙한 세대와 새로운 질서를 만들어가는 세대 등 다문화가족의 정체성을 심도 있게 다룬다. 또한 2세의 언어교육, 문화 간 충돌 등 다문화사회에서 실제로 일어날 수 있는 다양한 소재들을 포함하고 있다.

이 영화의 연출을 맡은 방수인 감독은 한 인터뷰에서 "다문화가정의 증가와 이주민들이 사회의 중요한 구성원으로 자리 잡으면서, 다문화를 단순히 소수의 문제가 아니라 우리 모두가 함께 해결해야 할 과제로 인식하는 사람들이 점차 늘어나고 있다"고 밝혔다. 그는 이어 "여전히 편견과 차별이 완전히 사라지지는 않았지만, 과거에 비해 더 많은 사람들이 다문화를 이해하려는 노력을 하고 있다는 점에서 희망을 느낀다"고 덧붙였다.

방수인 감독에게, 영화 개봉 이후 2025년 현재 시점에서 〈덕구〉가 다문화시대를 맞은 대한민국에 어떤 메시지를 전달할 수 있을지 물어보았다.

영화 〈덕구〉는 현재 2025년 시점에서 다문화시대를 맞이한 대한민국에 어떤 메시지를 줄 수 있다고 생각하시나요?

제가 영화 〈덕구〉를 기획하고 수많은 고를 각색하면서 개봉까지 걸린 시간은 무려 10년이었습니다. 그 과정에서 투자 문제를 포함한 여러 어려움도 있었지만 무엇보다 10년이라는 시간 동안 다문화가정을 바라보는 대한민국 사회의 시선과 다문화가정이 대한민국을 바라보는 시선 또한 변화했기 때문에 대본을 수정할 수밖에 없었습니다. 애초의 초고는 다문화를 이해하지 못한 대한민국 사회의 편견과 비판적 시선이 강하게 담겨 있었습니다. 농촌에 사는 비혼자와 동남아시아 출신의 젊은 신부, 그리고 그들 사이에서 이익을 취하는 브로커 같은 어두운 이야기들이 주요 소재였죠. 저 또한 전통적인 '혈연 중심'의 가족관을 강요받으며 자란 세대였기에 초기 인터뷰 과정에서 저와 그들 사이에 보이지 않는 경계선을 그렸던 것 같습니다. 하지만 제가 직접 발로 뛰며 인터뷰를 진행하고 많은 이야기를 듣는 과정에서 제 개념은 완전히 재정립되었습니다. '우리'의 범위를 단일 민족적 정체성에서 다양한 민족적 배경으로 확장해야 한다는 깨달음을 얻었죠. 가족의 구성원이 누구인가를 따지는 것이 아니라, 가족의 본질적 가치에 대해 이야기해야 한다는 시선으로 영화가 바뀌게 된 것입니다.

그리고 7년이 지난 2025년, 지금의 시선으로 이 영화를 다시 본다면 우리가 서로를 얼마나 이해하고 사랑할 준비가 되어 있는가, 사랑에 대한 책임을 어떻게 노력할 것인가, 그리고 우리의 자녀에게 어떤 세상을 물려줄 것인가라는 메시지로 읽히길 바랍니다.

개봉 당시 인터뷰에서 하신 "그림자는 피부색에 상관없이 공평하다"는 말이 인상적이었습니다. 이 메시지를 영화 속에서 자연스럽게 전달하기 위해 어떤 설정을 사용했나요? 그리고 이를 현실에서 구현하려면 어떤 고민이 필요하다고 보십니까?

제가 KBS 〈러브 인 아시아〉의 한 편을 보고 감동받아 필리핀 출신 인터뷰어를 찾아가 3일 동안 머물며 아이들이 노는 모습을 지켜보던 중 한 아이의 말에 깊은 영감을 받았습니다. "그림자는 피부색에 상관없이 공평하다"라는 말은 그 아이의 말에서 정의된 말입니다. 피부색이나 경제적 배경은 그저 개인을 구성하는 요소 중 하나일 뿐 사람의 본질을 정의할 수는 없다는 사실을 깨달았습니다.

영화 속에서도 덕구와 동구가 싸운 후 화해하고, 학교

운동장 정글짐에 앉아 있을 때 두 아이의 긴 그림자를 보여주는 장면이 있습니다. 이는 어른들은 이해하지 못했던 세상이 아이들이 자란 세상에서는 조금 더 희망적이기를 바라는 마음으로 연출한 장면입니다.

영화 기획 당시 동갑내기 동남아 친구와 이주민 친구들을 알게 되었다고 하셨습니다. 그들이 바라보는 대한민국의 다문화사회는 어떤 모습일까요?

저는 이 영화를 통해, 다문화는 단순히 '다름'을 인정하는 데 그치는 것이 아니라, 그 다름을 통해 더 넓고 깊은 '우리'를 만들어가는 과정이라는 메시지를 담고 싶었습니다. 그들이 바라는 대한민국의 다문화사회는 아이들이 차별과 편견 없이 살아가는 세상, 이해와 공감으로 연결되는 사회, 그리고 남편의 부재 시에도 스스로 경제적으로 독립할 수 있는 환경이라고 느꼈습니다.

다문화가족 2세를 소재로 삼는 일은 민감할 수 있습니다. 이 부분을 묘사할 때 특히 신경 쓴 점은 무엇이었나요?

관객들에게 '우리는 다음 세대에게 어떤 세상을 물려줄 것인가?'라는 질문을 던지며, 다문화 2세의 문제를 우리 사회가 함께 고민해야 할 과제로 인식하길 바랐습니다. 이에 다문화 2세 아이들이 겪는 어려움을 현실적으로 묘사하면서도 희망의 메시지를 놓치지 않기 위해 노력했습니다. 그들이 살아갈 세상에서 가장 큰 버팀목이 되어주는 힘은, 비록 투박하고 거칠지만 할아버지의 깊은 사랑이라는 것을 표현하는 데 특히 신경을 기울이며 글 작업을 진행했습니다.

영화 속 할아버지가 덕구에게 자신이 경주 김씨 67대손 장손임을 가르치는 장면이 등장합니다. 이 장면은 다문화가족 2세의 정체성과 관련된 문제를 제기한 것처럼 보이는데, 이에 대해 어떻게 생각하십니까?

영화에서 할아버지가 덕구에게 조상의 이름을 외우게 하는 장면은 다문화 2세의 정체성과 관련된 문제를 제기하는 상징적인 장치입니다. 한쪽 부모의 문화나 국적이 배제되거나 인정받지 못할 때, 아이들은 정체성의 혼란과 소외감을 느끼고, 이를 긍정적으로 받아들이기 어려울 수 있습니다. 다문화 가정의 아이들에게 정체성이란 단순히 핏줄로 정의될 수 있는 것이 아닙니다. 정체성은 부모로부터 물려받은 혈통뿐만 아니라, 사회적 환경 속에서 점차 형성되는 것이라고 생각합니다.

제가 한겨레 신문에 쓴 '수식어가 필요 없는 단어, '가족'의 의미'라는 칼럼이 떠오릅니다. 당시 네 살 난 제 아이가 자신은 커서 향유고래가 되고 싶다고 했습니다. 제가 이유를 묻자 아이는 "마음이가 멋지다!"라고 답했습니다. 아이는 무리에서 따돌림당한 기형 돌고래를 자신의 새끼처럼 품어주는 향유고래 무리의 영상을 본 것이었습니다. 향유고래 무리를 이상적인 어른의 모습으로 여겼던 것이 아닌가 싶었습니다.

〈덕구〉에서도 할아버지와 싸우고 집을 나간 덕구를 온 동네 사람들이 찾아 나섭니다. 향유고래처럼, 서로 다른 구성원을 보호하고 품어줌으로써 형성되는 관계야말로 지금 시대의 진정한 가족이 아닐까 생각합니다.

앞으로 영화나 드라마 등 콘텐츠에서 이주노동자와 거주 외국인 등 다문화를 다룰 때 어떤 점을 고려해야 한다고 보십니까?

다문화의 이야기를 '인간'의 이야기로 풀어내는 것이 무엇보다 중요하다고 생각합니다. 특정 국적이나 직업군에 대한 고정된 이미지를 넘어서 그들을 단순히 희생자나 피해자로 그리는 대신 다양한 삶의 모습을 깊이 이해하고, 한 인간으로서의 삶을 조명해야 합니다.

대한민국에서 국제결혼을 한 여성들 대부분이 K-드라마를 즐기고, K-팝과 영화, 아티스트들의 팬이 많습니다. 결혼 이전부터 K-문화를 애청하고 사랑해온 이들은 소중한 관객이자 소비자입니다.

창작자들은 K-문화를 사랑하는 사람들이 자신들에 대한 존중 없는 태도를 마주했을 때의 상처와 실망을 한 번 더 깊이 생각해봤으면 합니다. 문화를 소비하고 사랑하는 이들에게 창작물로 존중과 공감을 전하는 책임을 함께 고민해야 한다고 느낍니다.

최근 다문화가족 2세의 이중언어 교육이 중시되고 있습니다. 다문화가족의 1.5세 또는 2세가 부모의 모국과 대한민국을 연결하는 가교 역할을 하며 문화적 강점으로 작용할 수 있다는 기대 때문인데요. 이에 대한 감독님의 견해는 어떠신가요?

언어는 단순히 의사소통의 도구를 넘어, 양쪽 문화를 이해하고 연결하는 가교 역할을 하는 강력한 수단입니다. 따라서 언어교육은 부모의 노력만으로는 한계가 있으며, 사회와 교육 시스템이 함께 지원해야 할 과제라고 봅니다.

인터뷰 당시 며느리들이 다문화센터에서 교육받는 것을 반대하는 일부 시부모님들을 만난 적이 있습니다. 며느리가 밖에서 많은 것을 배우고 다른 집과 비교하거나 도망갈 것을 우려했기 때문입니다. 특히, 아이가 없는 가정에서 이러한 인식이 더 강하다는 점은 놀라웠습니다. 그러나 이는 다문화 여성을 사회적으로 더욱 고립시키는 결과를 초래합니다.

반면, 제가 만난 대부분의 다문화 여성은 아이의 언어와 미래를 위해 고민하며 어머니로서 충분히 준비된 사람들이었습니다. 영화에서 덕구와 바네사의 이야기를 통해 엄마의 한국어 교육의 중요성과 더불어 부모의 모국어로 문화적 정체성을 형성하는 과정을 긍정적으로 표현하고자 했습니다. 또 가정에서는 자연스럽게 부모의 모국어로 소통하고, 학교와 지역사회에서는 이중언어를 긍정적으로 인식하고 지원하는 환경이 필요하다고 느꼈습니다.

예를 들어 제가 만난 필리핀에서 온 여성들은 방과 후 영어 수업을 담당하거나 관공서에서 역이나 통역 역할을 하며 스스로 높은 자존감을 유지하고 있었습니다. 자존감을 지켜준 것은 지역사회가 만들어준 시스템이라고 생각합니다.

앞으로는 다문화 여성들의 언어와 문화적 배경을 존중하는 시스템을 구축하는 것이 중요한 과제라고 생각합니다. 아이들이 두 언어와 문화를 자랑스럽게 여길 수 있도록, 성공적인 다문화 가교 역할 모델을 제시하는 것도 중요합니다.

결국, 다문화가정의 아이들이 양쪽 언어를 구사할 수 있다는 것은 단순한 언어적 이점이 아니라 두 문화를 연결하는 강점으로 작용할 수 있기 때문입니다.

2부

대한민국을 찾아오는 그들,

난민 혹은 이민

나의 올드 옥크

"이거 받아요."

"왜 저 사람들만 줘요?"

"맨몸으로 이 나라에 온 사람들이거든."

"왜 우리한테 말도 안 하고 데리고 와!"

"평생 이 동네에서 힘들게 살았어. 이젠 저 사람들이 다 빼앗아 갈 거야."

"동네가 쓰레기장이 돼가고 있어."

마을에 시리아 난민이 들어온다. 대대로 살아온 삶의 터전에 찾아온 이방인이다. 그런데 그들에게 물건을 나눠주고 정착을 도와준다니, 정작 힘든 건 우리들인데. 마을의 주민은 반으로 갈린다. 난민을 이웃으로 받아들일 것인가, 아니면 타인을 대하듯 멀리 밀어낼 것인가.

동서남 3면이 바다, 북으로는 분단의 흔적. 대한민국은 사실상 섬이다. 4면에 바닷길 아닌 발길로 이어진 땅이 없다. 그 때문일까. 대한민국에 난민이라는 개념은 낯설다. 정치적 박해든, 민족적 고난이든 우리를 찾아온 난민은 우리에게 이방인과 다름없다. 오히려 그들이 우리 일자리를, 우리 집을, 우리 가족을 빼앗을지 모른다는 거부감이 가득하다.

난민은 이웃이 될 수 있을까?

영국 북동부의 폐광촌. 채굴이 어려워지면서 마을의 활기가 점차 사라진다. 토미 조 발렌타인(데이브 터너·Dave Turner), 일명 TJ는 오래된 펍 '올드 오크'를 운영한다. 오래된 탓에 'OAK'의 K라는 간판이 불쑥 떨어질 것처럼 위태롭다.

마을은 쇠퇴한다. 빈집도 늘어난다. 집값도 떨어진다. 주민들의 불만은 고조되어 간다. 어느 날 설상가상으로 영국 정부에서 허가한 시리아 난민들이 마을로 집단 이주를 하게 된다. 마을로 들어서는 낯선 버스. 그 버스에서 내린 이들은 시리아 난민, 마을 주민들은 갈등한다. 왜 저들이 우리 마을에 왔을까?

가뜩이나 먹고살기 힘든 주민들과 시리아 난민들 사이에 눈에 보이지 않는 묘한 긴장감이 흐른다. 어느 날 TJ는 난민으로 마을을 찾은, 사진작가가 꿈인 소녀 야라(에블라 마리·Ebla Mari)를 만난다. 마을 주민들은 불쑥 찾아온 야라네

73

가족과 다른 사람들을 반기지 않는다.

야라는 불쑥 음식을 가지고 감사의 마음을 표하기도 한다. TJ는 야라에게 묘한 우정을 느낀다. 난민을 놓고 반으로 갈라진 마을의 여론이 불편하다. TJ는 올드 오크에서 야라와 특별한 우정을 쌓아간다. 마을 주민들은 시리아 난민을 이웃으로 받아들일 수 있을까?

〈나의 올드 오크〉는 켄 로치(Ken Loach) 감독의 26번째 장편작이다. 켄 로치 감독은 작품을 통해 줄곧 사회의 약자를 대변해왔다. 개봉 시점으로 따진다면 1936년생인 켄 로치는 87세의 나이에 〈나의 올드 오크〉를 내놓았다. 2006년 제59회 칸국제영화제에서 〈보리밭을 흔드는 바람〉으로, 2016년 제69회 칸국제영화제에서 〈나, 다니엘 블레이크〉로 한 번 더 황금종려상을 받은 켄 로치 감독은 노동, 불평등, 복지 등 사회 문제에 관심이 많아 '블루칼라의 시인'이라고 불리기도 한다.

〈나의 올드 오크〉의 시간적 배경은 2016년이다. 공간적 배경은 영국 북동부 더럼(Durham)의 한 폐광 마을. 실제 촬영은 영화 〈빌리 엘리어트〉의 배경이 된 이징턴을 비롯해 머튼, 홀덴 등지에서 진행됐다. 영화에서는 1951년 실제 이징턴에서 발생한 이징턴 탄광 사고에 대한 내용과 〈빌리 엘리어트〉에서도 나온 1984년 이징턴 광산 파업이 언급된다.

이징턴은 한때 번성했던 탄광 마을이다. 마을 경제는 탄광에 크게 의존했다. 1984년에서 1985년 마거릿 대처(Margaret Thatcher) 수상의 탄광 폐쇄 정책의 반발로 영국 전역에서 대규모 탄광 파업이 일어났다. 이징턴 역시 이 파업의 중심이었다. 〈빌리 엘리어트〉의 배경은 발레를 사랑하는 소년 빌리가 탄광 마을을 벗어나 꿈을 이루는 이야기를 담았다.

〈나, 다니엘 블레이크〉, 〈미안해요, 리키〉와 더불어 〈나의 올드 오크〉는 켄 로치 감독의 공동체 3부작으로도 꼽힌다. 〈나의 올드 오크〉 역시 보수적인 전통이 자리 잡았던 탄광 마을을 배경으로 진행된다. 이 영화가 전작과 다소 다른 점은 영국의 노동자보다 더 약자인 난민이 등장한다는 데 있다. 켄 로치 감독은 이 영화와 관련된 인터뷰에서 "연대는 인종차별을 포함한 모든 차별의 해독제가 될 수 있다"고 말했다.

정치적 올바름과 실질적 판단 사이

난민을 바라보는 우리의 시선은 어떤가? 〈나의 올드 오크〉의 마을 주민만큼이나 우리가 바라보는 난민에 대한 시선은 차갑다. 2018년 예멘에서 난민으로 인정받기 위해 500여 명이 제주도에 들어왔을 때 우리에게 난민이라는 용어가 바로 가까이 다가왔다. 당시 2016년과 2018년 사이에 30일간 무비자 체류가 가능한 제주도에 예민에서 대규모로 난민 요청을 한 사건이었다. 당시 예멘인들은 거의 무슬림이어서 이에 대해 일각의 거부감도 컸다.

대한민국이 과거 난민이 유입되지 않았다거나 난민을 받지 않은 것은 아니었다. 하지만 이렇게 대규모 인원이, 종교적·문화적으로 익숙하지 않은 무슬림이 입국한 건 사회적으로 논란이 컸다. 난민 신청자들 중에는 20~30대 남성들이 대부분이었다. 이들은 예멘에서 대학을 졸업했거나 호텔 지배인, 기자, 택시 기사, 교사 등 여러 가지 직업을 가지고 있었다.

이들 예멘인들이 난민 입국 신청을 했다는 게 알려지면서 당시 청와대 국민청원에는 예멘 난민 추방을 요구하는 청원에 50만 명이 넘게 찬성했고, 또 서울과 제주 일부 지역에서는 이들의 난민 지위 인정을 반대하는 시위도 벌어졌다. 당시 우리 국민 중에는 문화적으로 유사성이 낮은 난민이 짧은 시간 내에 대규모로 유입된 데 거부감을 느꼈던 이들이 많다. 전원이 무슬림인 탓에 유럽인이 난민과 겪는 갈등이 한국에서도 재연되지 않을까 염려했기 때문이다.

당시 배우 정우성은 자신의 인스타그램에 이들과의 연대를 지지하는 글을 올렸다. 2018년 6월 난민의 날, 그가 인스타그램에 '#난민과함께해주세요'라는 글과 함께 '제주 예멘 난민 신청자 관련 유엔난민기구(UNHCR)의 입장'을 올렸다. 정우성은 결국 난민 수용을 반대하는 일부 여론의 비판에 말 그대로 난타를 당했다. 2018년 한겨레와 인터뷰에서 정우성은

"난민 문제를 정치적 이슈로 이용하려는 가짜뉴스는 비판하되, 난민에 대해 잘 모르는 일반인의 순수한 걱정마저 매도하면 안 되겠죠. '누군가를 돕는 건 괜찮은데, 내 생활 터전까지 내주라는 거냐'라는 게 일반인들 시각이거든요. 관점을 바로잡는 데는 시간이 걸려요. 서로의 관점을 설득하는 데 격앙될 필요도 없고요"라고 말했다. 이후에도 정우성은 "여러 가지 소리가 있는 것이 민주주의 국가"이며 "이 사회에서 이 정도 목소리를 내는 사람은 있어야 하지 않나"라고 반문했다.

정우성은 지난 2024년 7월 유엔난민기구 친선대사에서 사임했다. 2014년 유엔난민기구 명예사절을 시작으로 10년 넘게 활동했던 국제 활동에서 공식적으로 내려왔다. 정우성은 매해 5,000만 원 정도의 기부금과 함께 레바논, 남수단, 로힝야, 폴란드 등 주요 난민 발생 국가를 방문했고 2019년에는 난민 관련 활동을 기록한 에세이 『내가 본 것을 당신도 볼 수 있다면』을 펴내기도 했다. 정우성은 인터뷰에서 "기구와 나에게 끊임없이 정치적 공격도 가해져 '정우성이 정치적 이유로 이 일을 하고 있다' 등 다른 의미들을 얹으려고 해, 나와 기구 모두에게 좋지 않은 상황이 됐다"며 사임 배경을 밝혔다.

정우성은 몇몇 언론과 인터뷰에서 난민을 돕기 위한 인도적 가치에 대해 역설했다. 다만 난민에 대한 정치적 올바름의 태도와 난민에 대한 실질적인 판단의 문제를 놓쳤다고 볼 수 있다. 정우성의 말대로 우리도 한때 난민이었다. 그 때문에 정치적·경제적 난민을 받아들이는 국제적 규범과 가치를 따르는 건 당연지사다. 다만 난민이냐 아니냐 그 구별은 명확해야 한다는 게 당시나 지금의 대중들의 시각이다. 당시 청와대 국민청원에 오른 글의 제목은 '제주도 불법 난민 신청 문제에 따른 난민법, 무사증 입국, 난민 신청 허가 폐지/개헌 청원합니다'였다. 특히 당시 예멘 입국자들이 고가의 의류 브랜드 옷과 비싼 휴대전화를 소지하고 있고, 브로커를 통해 말레이시아를 거쳐 제주도에 입국한 게 알려지면서 실체 난민인가 의심이 속출했다.

난민 문제는 대한민국의 인식에 대한 과정 그리고 그 해석을 보여준다. 국제 구호 등 선진국 대열에 들어선 대한민국이 세계국가의 일원으로서 해야 할 임무를 다하겠다는 인식, 그럼에도 난민을 무분별하게 받지 않고 선별해서 받는 게 크게는 국가 발전, 작게는 사회갈등을 줄일 수 있다는 거다. 2018년 당시에도 제주도 내 예멘 난민 신청자 중 심사 결정이 내려지지 않았던 85명 가운데 완전 출국해 심사를 직권 종료한 11명을 제외한 74명에 대해, 2명은 난민 인정, 50명은 인도적 체류 허가, 22명은 단순 불인정하기로 결정한 바 있다.

그럼에도 불구하고, 함께 먹을 때 더 단단해진다

2011년 노르웨이의 수도 오슬로 등에서 연쇄 테러가 일어났다. 테러범은 사람들이 모인 장소에 총기를 난사하고 폭발을 일으켰고, 77명이 사망했다. 테러범은 다문화정책에 반대한다며 이 같은 테러를 벌였다. 무슬림을 이민으로 받아들이는 바람에 노르웨이의 전통적인 가치와 문화가 사라진다고 믿었던 탓이다. 그럼에도 노르웨이는 더 많은 민주주의와 개방을 약속했고, 증오의 표적이 된 이슬람계를 더욱 포용하겠다고 주장했다.

유럽 국가가 난민 등을 받아들이는 태도는 우리에게 급진적으로 보일 정도다. 이미 유럽 국가는 오래전부터 무슬림 등 다른 문화의 난민이나 아프리카 등 정치적 박해자를 자신의 일원으로 받아들이는 데 익숙했다. 다만 난민 혹은 이민자의 숫자가 생각보다 늘어나면서 유럽 각국에 불협화음이 새 나오고 있다. 노르웨이는 인구가 아주 적은데, 2010년 당시 550만 명 인구 중 무려 14%인 80만 명이 이민자였다. 프랑스의 경우에는 무슬림 이민자가 600만 명이나 된다.

유럽이 2000년 초반부터 난민을 적극적으로 받아들인지 20년이 지난 현재. 유럽 각국이 '난민 수용'을 두고 분열하고 있다. 2023년 네덜란드에서 난민정책을 둘러싼 갈등으로 연립정부가 해체됐고, 난민 비용을 공동 부담하자는 내용의 유럽연합(EU) 공동성명 채택은 무산됐다. 또 같은 해 폴란드의 보수성향 집권 여당인 '법과 정의당'은 EU 회원국이 난민을 의무적으로 나눠 받도록 하는 EU의 난민정책에 대해 국민투표를 제의하는 등 갈등이 불거졌다. 가장 많은 난민을 받아들인 독일에서도 '반(反) 난민' 구호를 외치는 극우 정당 '독일을 위한 대안(AfD)'이 약진하고 있다. AfD는 2013년 창당 후처음으로 기초지방자치단체장 선거에서 승리했다.

최근에는 러시아와 우크라이나 전쟁으로 우크라이나 난민이 유럽 국가로 밀려들었다. 2022년 전쟁 발발 초기에는 우크라이나 난민에 대한 시선이 온정적이었으나, 유럽 전역에서에너지 비용이 급등하는 등 인플레이션이 일어나면서 '난민을도울 여력이 없다'는 여론이 우세해졌다.

난민으로 혼란은 겪는 대표적인 유럽 국가는 스웨덴이다. 앞서 스웨덴은 난민정책을 관대하게 진행했고, 지난 40년중 좌파 사민당이 정권을 잡은 28년 동안 그 정책은 이어졌다. 실례로 2015년 9월 스웨덴은 시리아와 이라크, 아프가니스탄에서 16만 3,000명의 난민을 받아들였다. 당시 인구 대비로는 유럽에서 가장 많은 숫자의 난민 허용이었다. 그 결과 인구 1,050만 명 중 외국 태생이 200만 명을 차지한다.

스웨덴은 의도와 달리 난민 혹은 이민자들과의 사회 통합에 실패했다는 평을 받고 있다. 조직범죄는 2014년부터 계속 증가했다는 통계가 있다. 스웨덴은 현재 발칸반도와 중동 출신의 이민자들이 주축이 된 총기와 마약 밀거래 범죄 조직들이 저지르는 총기 살인 등 강력범죄율이 급증했다. 수도 스톡홀름의 인구 대비 총기 살인 건수는 런던의 30배 이상이라고 한다.

특이하게도 강력범죄는 1세대 난민 혹은 이민자 외에도 그들로부터 스웨덴에서 태어난 2세대에서도 많이 벌어졌다. 안전한 국가로 꼽혔던 스웨덴에는 1만 1,000명의 경찰이 있다. 반면 지하 세계에서 활동하는 범죄 조직 조직원들의 수는 3만 명에 달한다. 결국 스웨덴은 2021년 기준 EU에서 알바니아 다음으로 가장 총기 범죄 사망률이 높은 나라가 됐고, 범죄 조직으로 인해 지하경제가 급속도로 증가하고 있다.

그 결과 2024년 들어서 난민 등에 대한 유럽 국가의 갈등이 심화됐다. 각국에 극우 정당이 들어섰다. 극우 정당이 선전한 배경에는 대체로 타민족(인종) 이주자 수용에 반대하고, EU보다 자국 주권을 앞세우며, 포퓰리즘(대중영합주의) 성향을 보이는 정치세력이 인기를 모아서다. 미국이 지난 10여 년 넘게 급속도로 성장한 반면 EU의 경제난은 가중됐다. 더욱이 중동·아프리카에서 난민이 대거 유입되면서 이들에 대한 반감이 확대됐다.

대한민국의 상황도 크게 다르지 않다. 이민정책에 대해

서는 우호적이지만, 난민정책에 대해서는 극도로 거부감을 갖고 있다. 서술한 것처럼 실제 난민이냐, 난민을 빙자한 이민자이냐 의심이 그 시작이다. 나아가 무슬림, 아프리카 등 종교문화적으로 아주 다른 곳에서 나고 자란 이들이 과연 우리 사회에 동화될 수 있는지 불안해한다.

그렇다 하더라도 약자와의 연대는, 대한민국의 발전에 반드시 필수불가결한 의제다. 난민, 예를 들어 정치적 박해를 피해 한국에 들어온 이들에게 손을 내밀어야 한다.

〈나의 올드 오크〉 역시 노동자와 난민 갈등, 다시 말해 약자와 약자와의 불협화음을 통해 사회적 가치의 한계와 미래를 보여준다. 그 중심에는 '연대'가 있다. 과거 탄광 노조 활동을 한 TJ는 누구보다 연대 의식이 중요하다는 걸 안다.

영화 속 대사 중 하나를 기억해야 한다. "'함께 먹을 때 더 단단해진다(When you eat together, you stick together).' 엄마가 늘 하시던 말씀이야." 올드 오크 벽에 걸린 그림 속 문장은 시사하는 바가 크다. 영화 중반 마을 주민과 난민들은 올드 오크에 모여 함께다. "우리도 모두 한데 모여 같이 밥을 먹으면서로 가까워지고 삶이 바뀔 수 있어요." EU의 경제난처럼 삶이 힘들 때 우리는 비판의 대상을 찾는다. 켄 로치 감독 역시 영화 속 대사로 이렇게 말한다. "삶이 힘들 때 우리는 희생양을 찾지." 차별과 편견, 그 이면에는 인간의 약하디약한 고리가 숨어 있다. 자신의 삶에 대한 불안한 미래가 그 고리다.

난민은 외국에서 온 낯선 이웃이라는 꼬리표를 붙인다. 〈나의 올드 오크〉 속 마을 주민처럼 난민으로 인해 집값 문제, 교육 문제, 문화의 문제를 겪을 것이라는 선입견이 있다. 심지어 EU의 일부 국가에서 벌어지고 있는 난민과 원주민 간의 갈등이 우리 대한민국에서도 벌어지지 않을까 하는 '공포'를 갖고 있다. 하지만 난민은 약자다. 공포보다는 약자에 대한 연대의 마음을 갖는 것이 먼저 아닐까. 난민 등을 대하고, 다문화를 받아들이는 태도는 다문화인이 특별한 대상이 아니라 바로 우리 이웃이라는 생각에서 출발해야 한다.

나의 올드 오크(The Old Oak)

개봉 2024
감독 켄 로치
출연 TJ◦데이브 터너
야라◦에블라 마리
제작 식스틴필름스, 와이낫프로덕션스

세 리 와   하 르

〈세리와 하르〉는 결혼이주를 한 필리핀 엄마와 한국인 아빠를 둔 세리(장미지)와 불법이민노동자 부모를 둔 하르(최세나), 두 소녀의 이야기가 펼쳐지는 따뜻한 영화다. 박세리처럼 골프도 잘 치고 돈도 잘 버는 사람이 되고 싶은, 필리핀 엄마가 창피하고 가난한 집안 형편이 불만스러운 세리와 주민등록증을 발급받아 불법거주자에서 탈피하는 게 소원인 하르, 사춘기 소녀들의 우정이 펼쳐진다.

외국인 부모 말고는 다를 것이 없는 사춘기 소녀들

세리는 다문화가정의 아이다. 베트남에서 시집온 엄마 때문에 한국인 또래 친구들에게 놀림을 받는다. 세리의 꿈은 하나다. 언젠가 프로골퍼 박세리처럼 유명한 골퍼가 되는 거다. 아마 유명해지면 더는 업신여김을 당하지 않을지 모른다.

하르는 불법체류자 가정의 아이다. 가족이 언제든 잡혀

갈지 모른다는, 자칫하면 자신도 추방될지 모른다는 생각에 내내 마음을 졸인다. 하르의 희망은 한국인으로 인정받아 언젠가 한국 사람처럼 주민등록증을 갖는 거다.

세리와 하르의 일상은 그리 희망적이지 않다. 그런 이들을 위해 한 목사가 나선다. 언제 단속에 잡혀 추방당할지 모르는 이들을 위해 해결사를 자처한다. 목사는 한 PD에게 하르의 이야기를 전하고, 하르는 방송 프로그램을 통해 안타까운 처지를 알린다. 많은 이들이 하르의 사연에 공감하고 지지를 보낸다. 세리는 하르에 대한 관심이 마뜩잖다. 하르와 달리 자신은 여전히 베트남 엄마 때문인지 구박에 왕따만 당한다.

어느 날 한 남자가 세리에게 묻는다. 하르에 대한 이야기다. 그 남자는 바로 하르가 두려워하는 불법체류 단속반이었다. 결국 하르는 세리가 자신의 이야기를 그 남자에게 전했다는 알게 된다. 한때는 좋은 친구였지만 사이가 멀어진 세리와 하르. 둘은 어떻게 이 난관을 극복하게 될까?

세리와 하르로 각각 출연한 장미지, 최세나는 실제 한국에서 다문화가족을 이루고 산다. 장미지는 필리핀인 아빠와 한국인 엄마 사이에서 태어나 필리핀에서 살다 몇 해 전 한국으로 전학 왔다. 최세나는 외할아버지가 미국계 인디언이다.

영화는 순수한 아이들이 배타적인 한국 사회에서 성장하며 겪게 될 문제들이 곧 이주 사회의 문제임을 알고 그 해

법을 생각하게 한다. 우정을 통한 성장이라는 이야기로 막 시작된 이주 사회의 갈등을 풀어나간다.

2006년 영화진흥위원회 독립영화 제작 지원 및 제10회 CJ 독립영화 프로모션 제작 지원작인 이 영화는 감독이 한국에서 합법적으로 살길 희망하는 불법체류노동자 2세에 관한 기사에서 영감을 얻어 2년의 현장취재 끝에 완성된 작품이다. 실제 다문화가정의 아이들 중에서 캐스팅된 장미지, 최세나는 아마추어 연기자임에도 실제 다문화가정의 아이와 같은 연기를 보여준다.

영화의 후반부에 서로의 오해를 풀고 우정을 회복한 세리와 하르 앞에 위기가 닥친다. 결국 불법체류 단속반이 하르를 잡아간다. 이러다 둘의 사이는 끝나게 되는 것일까? 두 소

녀는 서로에 대한 안타까움을 담은 눈빛을 차창을 사이에 두고 주고 받는다. 영화는 이 장면에 돼서야 비로소 두 소녀의 진실한 속마음을 내비치며 성장영화의 한 단면을 드러낸다.

〈세리와 하르〉는 두 소녀가 외국인 이주민 가정의 아이라는 점 외에도 서로 질투하고 화해하며 성장하는 이야기를 담고 있다. 가정 형편이 거주민과 다르다 하더라도 또래 아이들과 다를 바 없는 사춘기를 겪는 것일 뿐이다. 영화는 그 때문에 두 소녀를 그리 감상적인 시선으로만으로 그려내지 않았다. 오히려 바로 우리 이웃의 아이가 성장하는 과정을 보여주듯 담담한 시선으로 바라보고 있다. 다문화국가에 들어선 대한민국 이주민의 아이들, 그중에서도 법적·제도적 어려움을 겪는 아이들은 어떤 모습으로 자라고 있을까.

국가 간 갈등의 이유가 되기도 하는 불법체류

하르의 어머니처럼 불법체류자로 살아가는 이들에 대한 우리의 편견은 무섭다. 영화 〈황해〉 등에서는 범죄를 저지르고 본국으로 도망가는 이들로 묘사하는 등 주로 부정적인 모습으로 나타난다.

법무부 출입국 통계에 따르면 연도별 불법체류외국인 (2018~2023년) 체류율은 2022년 18.3%에서 2023년에는 16.9%로 감소했다. 연도별 불법체류(2018~2023년) 외국 국적 동포

중 국내 불법체류외국인은 2023년 말 1만 471명으로 전체 불법체류외국인의 2.5%를 차지하고 있다.

22대 국회 법제사법위원회 국민의힘 송석준(이천시) 의원에 따르면 국내 체류 외국인 숫자는 2021년 195만 명 수준이었으나 2023년 말 기준 250만 명을 넘었다. 최근 3년간 28%가 급증한 가운데 이 중 42만 3,675명이 불법체류자로, 국내 체류 외국인의 17% 즉, 10명 중 2명이 불법체류자인 것이다. 불법체류자 단속률은 10% 이내로, 2023년 말 기준 42만 3,675명의 불법체류자 중 실제 단속된 인원은 3만 9,038명(9.2%)에 불과하다. 불법체류자 중 가장 높은 비율을 보인 것은 비자 없이 입국할 수 있는 사증면제(B-1) 자격으로 입국한 이들이 40%(2023년 말 기준)에 달했다. 그 다음으로는 단기방문(C-3) 20.5%, 비전문취업(E-9) 13.3%, 일반연수(D-4) 6.2%, 관광(B-2) 4.9% 순이었다. 2023년 사증면제를 받고도 국내에 불법으로 체류한 숫자는 19만 40명으로, 이 중 태국이 사증면제 불법체류자의 76.3%인 14만 5,042명에 달했다. 중국 1만 4,830명(7.8%), 카자흐스탄이 1만 827명(5.7%), 러시아 7,246명(3.8%), 말레이시아 2,689명(1%) 순이다. 이들은 사증면제 기간(3개월)을 넘겨 체류하면서 대부분이 경제적 목적으로 불법 취업을 강행하고 있다.

법무부는 사증면제 입국자 중 불법체류자가 급증하거나

반사회적 범죄자가 발생할 경우에는 해당 국가와 맺은 사증면제 협정을 일시 정지하는 조치로 불법체류에 대응하고 있다. 실제로 파키스탄, 방글라데시가 불법체류자 급증으로 사증면제 협정이 일시 정지됐고, 반사회적 범죄행위를 저지른 라이베리아를 지난 2019년 일시 정지시켰다. 법무부는 이러한 일련의 일로 2021년 9월부터는 사증면제 국가 입국자를 대상으로 전자여행허가제(K-ETA)를 실시해 신청자가 입력한 인적정보와 여행 정보 등을 바탕으로 출입국 심사를 하고 있다.

불법체류자 문제는 국가 간 갈등을 빚기도 했다. 2023년 4월 태국의 유명 가수 암 추띠마(Aam Chutima)가 태국인들에게 사과한 적이 있다. 암 추띠마의 한국 공연장에서 자국민 불법체류자들이 대규모로 체포된 데 따른 조치였다. 암 추띠마는 당시 인천 남동구 논현동의 한 클럽에서 콘서트를 열었고 많은 태국 팬이 찾아왔다. 그중 태국인 불법체류자들이 있었던 것으로 전해졌다. 한국 경찰은 이 클럽과 그 주변에서 불법체류자 158명을 체포했다. 불법체류자들은 추방 절차를 위해 버스 2대에 나뉘어 이송된 것으로 전해졌다. 이후 암 추띠마는 개최 예정이던 충남 천안 공연을 취소했다.

이후 2023년 11월 한국 출입국관리소의 엄격한 입국심사로 태국인들이 입국을 거부당하고 있다는 태국 현지 언론 보도가 나왔다. "태국인들이 한국에 등을 돌리고 있다", "한국의 입국 절차가 까다로워 입국 불허를 받는 태국인들이 늘고 있다", "한국 여행을 금지하자는 움직임도 있다"는 보도를 연이어 내놨다. 당시 법무부가 "태국인들에 대한 입국심사 절차를 특별히 강화하지 않았다"는 공식 입장을 밝혔다.

태국과의 갈등은 연이어 이어졌다. 태국여행사협회(TTAA)의 유타차이 순똔라타나벳 부회장은 2024년 일본 매체 닛케이아시아와의 인터뷰에서 "한국을 찾는 태국인 관광객 감소는 한국 관광 명소가 상대적으로 부족하기 때문"이라고 발언했다. 이에 주태국 한국문화원과 한국관광공사 방콕지사가 문제를 제기하자 TTAA 쫄른 왕아나논 회장이 공식 사과 서한을 통해 "협회 입장이 아닌 일부 관계자의 개인적 발언"이라고 해명하며 사과하기도 했다.

태국 사회관계망서비스(SNS)에서는 반한 감정을 나타내는 'Ban Korea(밴 코리아·한국 금지)' 해시태그가 유행하기도 했다. 2022년쯤부터 엄격한 입국심사로 태국인들이 K-ETA로 사전 승인을 받았음에도 입국을 거부당해 많게는 수천 달러에 이르는 항공료·숙박료를 손해 보는 사례가 이어진 게 이해시태그의 발단이 된 것으로 알려져 있다.

지난 2021년 9월 도입된 K-ETA는 112개 무비자 입국 가능 국가 국적자가 국내 입국을 위해 현지 출발 전 홈페이지에 정보를 입력하고 입국을 허가받는 제도다.

입국 목적이 소명되지 않거나 입국 목적과 다른 활동이 우려되는 경우에 한해서만 입국 불허 조치를 내리고 있다. 사실상 태국 현지 언론에서 주장하는 '태국인에 대한 차별 조치'는 없다는 거다. 다만 코로나19 팬데믹으로 중단됐던 외국인 입국이 최근 허용되면서 태국인의 한국 방문이 늘었고, 그에 따라 태국인 불법체류자가 늘어난 건 통계적으로도 사실이다. 법무부에 따르면 태국인 불법체류자는 2015년 5만 2,000명대였으나, 2023년 9월 기준 15만 7,000명으로 8년 동안 3배 증가했다. 현재 태국인 불법체류자는 중국인 불법체류자 약 6만 4,000명과 비교해 2배 이상 많다.

불법체류노동자와 다소 결이 다른 미등록 이주아동

불법체류는 국내 노동시장을 왜곡하고 마약범죄 등 강력범죄로 국민의 안전을 위협할 수 있다. 하지만 입국심사 과정에서 선의의 피해자가 발생하지 않도록 더욱 세심한 주의를 기울일 필요가 있다.

최근에는 불법체류자라는 단어 대신 '미등록 이주노동자'라는 단어를 사용하자는 의견도 있다. 〈안녕, 미누〉가 그 의견을 견지하는 대표적인 콘텐츠다. 영화는 함께하는 세상을 꿈꾸며, 손가락 잘린 목장갑을 끼고 노래한 네팔 사람 미누의 이야기를 담았다. 〈안녕, 미누〉가 익숙한 '불법체류자'가 아닌

'미등록 이주노동자'라는 단어를 사용하는 이유는 차별과 낙인 그리고 부정확한 용어이기 때문이라고 주장한다.

반대의 목소리도 만만치 않다. '미등록 이주노동자'라는 단어에는 '불법'이 없다. 미등록 입국의 경우 행정 법규 위반이지 형사상 범죄가 아니니 처벌 대상이 아니다. 별도 처벌 없이 국가가 이주민이 미등록된 사실을 발견하면 정책과 행정절차에 따라 등록·체류 연장·출국 등 조치를 취하면 된다는 거다. 사실 비자 면제와 다름없다는 비판이 나오는 대목이다.

또 다른 문제는 불법체류자 자녀가 보호와 복지의 사각지대에 있다는 점이다. 〈세리와 하르〉의 주인공처럼 다문화가정과 그 아이들에 대한 새로운 인식을 우리도 가져야 한다. 하르와 비슷하게 불법체류자 가정에서 태어나 출생등록을 하지 않은 미성년자를 '미등록 이주아동'으로 명명한다. 아이들은 불법체류자로 분류돼 출생신고도 할 수 없고, 체류 자격을 신청할 법적인 근거도 없다. 1991년 대한민국이 비준한 '아동의 권리에 대한 협약'에 따르면 '신분에 관계없이' 학습권 등 협약이 규정한 권리를 존중하고 '각 아동에게 보장'하여야 한다. 이에 따라 2020년부터 법무부는 국내에서 출생한 후 15년 이상 국내에 계속 체류하거나, 우리나라 중고교 교육과정을 받거나 고교를 졸업한 외국인 아동을 대상으로 심사를 거쳐 '학업 등을 위한' 체류 자격을 부여한다. 다만 이 제도는 2025년

2월 28일까지 한시적으로 시행된다.

　　한시적이기는 하지만 이 기간 동안 한국인이지만 한국인이 되지 못한 이른바 경계에 있는 '미등록 이주아동'의 권리를 보호할 수 있게 됐다. 사실 우리나라에서 교육을 받고 자란 이주 아동이라면 본국에 돌아가더라도 적응하기 어려울 게 분명하다. 이들에게 한국인의 정체성을 부여하고 다문화의 동반자로 살아갈 의미를 부여할 필요가 있다. 불법체류자, 적어도 미등록 이주아동은 인권을 가진 존재로 규정되어야 하고, 우리는 인도주의에 반하지 않는 신중한 태도와 행위로 그들을 대해야 한다.

세리와 하르(Seri & Harr)

개봉 2009
감독 장수영
출연 세리 ∘ 장미지
하르 ∘ 최세나
제작 스위밍픽쳐스

94

방가? 방가!

"베트남에선 남자가 여자 바지를 사주면 그 바지를 벗겨도 돼."

〈방가? 방가!〉의 한 장면. 주인공이 실수로 엉덩이를 터치(?)한 여성에게 사과의 의미로 바지를 선물한다. 그런데 도리어 혼이 난다. 베트남에서는 여자에게 바지를 선물했을 때 그 여자가 그 바지를 입는다는 것은 그 바지를 벗겨도 된다는 의미라고 한다. 베트남에서 여자가 남자가 선물한 바지를 입는 것은 자신의 몸을 허락한다는 뜻일 수도 있다는 것이다.

날씨가 덥고 습한 베트남에서는 낮잠 자는 게 일상적인 일이다. 특히 아이를 갖게 되면 날씨 때문에 하루 종일 잠을 잘 수도 있다. 반면 베트남 며느리를 받아들인 한국의 시어머니는 아이를 순산하려면 계속 움직여야 한다고 재촉한다. 심지어 커피를 마시는 게 습관인 며느리에게 커피를 마시지 말라고 한다. 며느리는 난처하기 이를 데 없다. 시어머니는 며느리에게 자기 아들의 아침밥을 챙기라고 성화다. 아침은 주로 사 먹고, 가벼운 빵으로도 대체하는 문화에 익숙한 베트남 며느리에게는 어려운 일이다.

　　방태식(김인권)은 별다른 직업이 없다. 커피 서빙으로 이 직장에서 저 직장으로 옮겨 다닌다. 거의 실직 상태다. 한국인과 다소 다른 검은 피부와 작은 키는 놀림의 대상이 되기도 한다. 우연히 친구 용철(김정태)이 태식에게 묘한 제안을 해, 이상한 억양과 고유의 민속 모자를 쓰고 부탄에서 온 사람으로 변신한다. 파키스탄, 베트남, 몽골, 네팔 등 노동자에 비해 부탄 출신은 만나기 쉽지 않다. 태식은 일명 인사할 때 단어인

'방가'라는 이름을 가진 부탄 외국인노동자로 변신해 의자 공장에 취직한다. 한국인 사장은 부탄에서 왔다는 어리숙한 방가, 다시 말해 태식을 반긴다.

태식은 특유의 넉살로 각국에서 한국을 찾은 이들과 잘 어울린다. 심지어 베트남 출신의 장미(신현빈)와 로맨스도 시작했다. 뜻하지 않게 이주노동자를 대변하는 시위대의 회장도 된다. 유능한 한국어 강사가 되기 위해 투표에 참가하고, 외국인들을 위한 국내 노래 경연대회에서 우승하기 위한 노력에도 동참한다. 시간이 지날수록 태식은 동료들과 진정으로 유대감을 쌓기 시작한다.

하지만 친구 용철은 이제나저제나 사기 칠 방법을 찾는

다. 경찰의 호루라기 소리에 화들짝 놀라 도망가는 불법체류자들의 애환과 지친 노동을 끝낸 후 함께 노래를 부르며 위로하던 방가는 욕망에 사로잡힌 용철의 손을 잡을 것인가?

한국 생활 적응도는 점차 높아져

〈방가? 방가!〉는 대한민국의 인종 문제를 코믹하면서도 섬세하게 묘사한 블랙 코미디 영화다. 영화의 중간중간 문화적 차이로 일어나는 에피소드가 소소한 재미를 준다. 식습관, 의사소통 방식 등 기본적인 생활 방식은 물론이고 문화적으로도 차이가 나는데, '칼'을 액운을 물리쳐주는 긍정적 의미로 해석하는 나라와 관계 단절의 상반된 의미 부여를 하는 나라가 있을 정도다.

2022년 정부는 '2021 전국 다문화가족 실태 조사' 결과를 발표했다. 이 조사는 '다문화가족지원법' 제4조에 따라 다문화가족에 대한 기초자료를 수집해 중장기 지원 정책 수립에 활용하기 위해 2009년부터 3년마다 실시하는 국가승인통계다. 다음 조사 결과는 3년이 지난 2025년 중순쯤ᄐ 공개된다.

조사 결과 2021년 기준 다문화가구는 전체 34만 6,017가구다. 결혼이민자 가구가 82.4%(28만 5,005가구), 기타귀화자 가구가 17.6%(6만 1,012가구)다. 결혼이민자는 한국인과 혼인한 외국 국적자 및 혼인귀화자를 말하고, 기타귀화자는 혼인

귀화 외의 방법으로 한국 국적을 취득한 귀화자를 일컫는다.

조사 결과에 따르면 부부관계의 만족도와 대화시간이 증가했고, 문화적 차이와 갈등은 감소하는 등 전반적으로 부부관계가 개선된 것으로 나타났다. 혼인 상태는 유배우 84.8%, 이혼·별거 8.6%, 미혼 3.4%, 사별 3.2%이다. 이혼·별거 사유는 성격 차이(50.7%), 경제적 문제(14.0%), 학대·폭력 (8.8%) 등이다. 이혼·별거 후 자녀를 양육하는 결혼이민자·기타귀화자는 93.3%로 나타났다.

부부관계의 만족도는 4.35점으로 지난 2018년 조사보다 소폭(0.04점) 높아졌고, 하루 평균 대화시간은 1시간 이상이 70.7%로 9.2%포인트 증가했다. 세부적으로는 국제결혼을 한 경우 '지난 1년간 부부 간 문화적 차이 느낀 정도'는 전혀 느낀 적 없다 47.6%, 가끔 느꼈다 44.3%, 자주 느꼈다 6.5%로 나타났다. 또 '문화적 차이 유형(통계청, 지난 1년간 문화적 차이 유형)'으로는 식습관, 의복 등 입는 습관, 자녀 양육 및 교육 방식, 가사 분담 방식, 부모 부양 방식, 가족 행사 등 가족 의례, 종교 생활에 대한 이해 등 다양하다. 배우자의 문화적 차이 유형으로는 식습관(52.7%), 의사소통 방식(43.4%), 가족 행사 등 가족 의례(24.1%), 저축 소비 등 경제생활 차이(22.5%), 자녀 양육 방식(19%) 등으로 높았다. 이어 가사 분담 방식 (14.2%), 부모 부양 방식(8.5%), 의복 등 옷 입는 습관(8.1%) 등도 차이의 원인으로 꼽혔다. 반면 종교 생활에 대한 이해(5%) 등은 낮았다. 이 조사의 경우 2015년 기준과 비교하면 식습관의 문화적 차이는 엇비슷하나 자녀 교육 방식에 대한 갈등은 2015년 대비 19%포인트 늘었다.

또 같은 기간 결혼이민자, 귀화자 등의 '배우자와 다툼 경험 및 이유(통계청, 지난 1년간 배우자와 다툰 경험 및 이유)'에서는 성격 차이(56.6%), 자녀 양육 및 교육 문제(26.7%), 생활비 등 경제 문제(24.7%), 언어소통 상의 어려움(17.8%), 문화·종교·가치관의 차이(11.7%), 배우자의 습관(13.5%), 배우자 가족과 관련된 문제(9.7%), 본인 가족과 관련된 문제(2.2%), 배우자와의 성생활(0.8%), 배우자의 폭언 및 폭력(1.0%) 등이 꼽혔다. 2015년 조사에서는 성격 차이가 34.7%로 나타났던 것을 보면 생활 과정에 겪는 어려움이 일부 증가한 것으로 보인다.

조사 결과를 보면 대한민국 배우자 간의 부부 갈등 사유로도 꼽히는 성격 차이, 경제 문제 외에 언어소통 상의 어려움, 문화·종교·가치관의 차이 등이 눈에 띄는 갈등 사유다. 부부 갈등을 해결하는 가장 중요한 과제는 '대화'다. 2015년 기준 통계청 조사(결혼이민자, 귀화자 등의 부부 간 하루 평균 대화시간)에 따르면 하루 동안 30분 이상 1시간 미만(30.5%), 2시간 이상(28.5%), 1시간 이상 2시간 미만(22.2%), 30분 미만(17.1%) 순으로 나타났다. 전혀 대화하지 않는다(1.7%)는 응답

도 있었다.

　'대화'에 어떤 내용이 포함되는지도 살펴볼 필요가 있다. 2011년 결혼정보회사 듀오의 부부 상담 교육기관 '듀오라이프 컨설팅'이 전국 기혼남녀 369명을 대상으로 조사한 '부부 간 소통 결과 보고서'에 따르면 배우자와의 대화시간은 하루 평균 1.3시간이었다. 구체적으로는 응답자의 27.4%가 배우자와 30분 이상~1시간 미만으로 대화한다고 답했다. 이어 10분 이상~30분 미만이라는 응답자가 22%로 2위에 올랐다. 반면 대화를 안 한다고 답한 응답자도 3.3%나 되는 것으로 조사됐다. 배우자와의 대화 내용으로는 가족 문제가 40.1%로 가장 많았고 이밖에 인간관계(17.8%), 직장 문제(16.2%), 부부 문제(14.9%), 사회 이슈(10.9%) 등으로 집계됐다.

결혼이민자 혹은 귀화자는 한국 생활의 어려움과 차별 경험이 감소하고, 사회적 관계는 확대되는 등 한국 생활 적응도가 높아진 것으로 나타났다. 한국어 능력에 대한 주관적 인식은 3.87점으로 2018년 대비 다소 하락(2018년 3.89점)한 것으로 나타났다. 한국 생활에 어려움이 없다는 비율(37.9%)은 2018년(29.9%)보다 8.0%포인트 증가했으며, 주된 어려움은 언어 문제(22.9%)·경제적 어려움(21.0%)·외로움(19.6%) 순이다. 외국 출신이라는 이유로 차별받은 경험은 16.3%로 지속 감소(2015년 40.7%→2018년 30.9%)하고 있다.

다문화가족의 갈등은 문화·사회·종교적 차이에서 시작된다. 인도네시아 출신인 무슬림을 배우자로 맞은 가족을 예로 들어보자. 이슬람에서는 돼지고기 먹는 것을 삼간다. 무슬림은 소나 양을 도축할 때도 피를 완전히 빼는 방식의 고기만 먹는다. 한국 가족들이 삼겹살을 먹거나 제육볶음을 먹는다면 배우자는 혼자 식사를 할 수도 있다. '한국에 왔으니 한국 관습에 따르라'고 돼지고기를 강권해서도 안 된다.

또 다른 예를 들어보자. 몽골에서 건너온 배우자는 육식을 좋아한다. 몽골의 광활한 초원에서 나고 자란 배우자는 양고기 등을 좋아한다. 또 우유를 음료수처럼 먹는 걸 즐긴다. 한국에 온 배우자에게 회를 권하거나 채소 위주의 식단을 고집하면 견디기 어렵다. 물론 채소를 섭취하는 게 건강에 좋다는 것을 알지만 여전히 고기를 선호하는 취향을 바꾸기는 곤란하다.

이처럼 배우자와의 문화 사회 종교적 차이로 인한 갈등은 조사 결과에서도 드러난다. 2021년 실태 조사의 경우 식습관, 의사소통 방식, 가족 행사 등 가족 의례, 자녀 양육 방식 등이 갈등의 주요 사유로 꼽혔다. 결국 갈등을 줄이고 화합하는 과정에는 마음을 여는 태도가 중요하다. 한 결혼정보업체의 2024년 조사에 따르면 국제결혼의 중요 요소로는 사랑하는 마음(57.8%, 복수 응답), 언어 및 의사소통(52%), 문화적 차이(43%), 경제적 문제(38.8%), 결혼 후 거주지(22.8%), 가족의 인정(16.4%), 배우자의 국적(13%), 배우자의 외적 조건(12.8%), 가정환경(12%), 종교(8%) 등의 답이 이어졌다.

다문화 정착 단계, 2세들에 대한 사회통합 노력 필요

영화에 등장하는 바지 선물 에피소드는 베트남에서 그리 친숙한 오해는 아니다. 베트남이 남과 북의 문화가 달라 어느 한 지역의 문화가 전체 베트남을 관통하지 않을 수 있기 때문이다. 베트남은 동남아에 위치하지만 유교문화가 많이 퍼져 있다고 한다. 그 때문에 오히려 동북아인 우리에게 친숙한 문화가 많다. 노인공경, 조상숭배의 문화는 우리나라보다 더 강하면 강하다고도 볼 수 있다. 베트남 북부가 역사적으로 중국에 흡수 통합되지도 않았고, 베트남전쟁에서 미국을 몰아낸 경험으로 자존심과 자아가 강하고, 베트남 남부는 태평양과 인접해 무역에 친숙해 중국이든 미국이든 이익이 된다면 표면적으로 친숙하게 대한다.

베트남 한 국가만 보더라도 국가 안에서의 문화·사회적 차이가 많다. 우리나라만 하더라도 순대를 찍어 먹는 소스로 쌈장이 좋은지, 소금이 좋은지, 새우젓이 좋은지 지역마다 다르다. 미역국을 만드는 방법도 소고기부터 가자미까지 지역 토산물에 따라 변화무쌍하다. 결국 국가를 넘어선 배우자를 만난다면 자칫 넘을 수 없는 식습관, 언어 및 의사소통 등 차이의 벽에 맞닥뜨리게 된다.

〈방가? 방가!〉는 특유의 코믹한 유머와 전개로 초기에 접어들었던 다문화사회 속 우리 모습을 보여준다. 문화·사회적 이해와 함께 노동계급의 갈등 등이 주로 조명됐다. 영화 속 몇몇 에피소드는 부탄 외에 동남아 각국에서 모인 이들이 겪은 문화적 갈등, 다시 말해 한국 원주민과의 갈등 외에도 그들만의 오해와 화합도 다룬다.

영화가 개봉된 지 15년여가 지난 지금, 대한민국은 다문화의 정착 단계에 접어들었다. 다문화사회로 나아가는 과정을 진입, 전환, 정착 등 3단계로 나눈다면 〈방가? 방가!〉의 배경은 진입, 현재는 정착 단계라 할 수 있다. 진입 단계에서는 다문화 이주민이 점차 증가하면서 주류사회에서 통용되던 구성원과 생기는 갈등 혹은 혼란, 이주민에 대한 주류사회의 저항과 차별, 그로 인한 행동의 다양성과 규범의식의 저하가 일어난다. 태식이 방가로 변신하면서 각국에서 온 노동자에 대한 차별을 인식하고 자신도 모르게 맞서 싸우는 설정이 영화의 재미를 높인 이유다. 경찰에 잡힐 뻔한 불법체류자인 외국인 노동자를 돕는 에피소드도 현실감 있게 다가온다.

전환 단계에서는 다문화가족의 형성과 함께 이주민 공동체가 만들어진다. 다문화가족의 증가와 함께 자연스럽게 이혼율 증가, 가족 해체 현상이 나타날 수도 있다. 전환 단계에선 소수인종 공동체의 고립과 빈곤을 예방하고 사회적 일체감을 높이는 통합의 노력이 필요하다.

2025년 대한민국은 명실상부하게 다문화사회의 정착 단계에 접어들게 된다. 2023년 기준 외국인은 246만 명으로 2022년 기준(226만 명)에 이어 사상 최고 기록을 경신했다. 국내 총인구 대비 비중 역시 역대 최고치인 4.8%에 이른다. 경제협력개발기구(OECD) 기준 다인종, 다문화국가(총인구의 5% 이상) 진입은 대한민국 원주민의 감소와 다문화 이주민의 증가로 빠르면 2025년에 이뤄질 수 있다.

정착 단계는 다문화가족의 2세가 사회에 진출하는 시기이기도 한다. 이 때문에 원주민의 반발과 이에 따른 사회적 불안을 줄여야 할 필요가 있다. 또 이주민 2세라 하더라도 여전히 부모 세대의 영향을 받고 성장했기 때문에 문화·사회적 정체성 확립에 힘을 쏟아야 한다. 자칫 다문화가족 2세가 범죄 조직을 만드는 등 마찰을 일으키고 있는 스웨덴의 전례를 밟아서는 안 된다.

실제로 2023년 기준 외국인 주민 자녀는 28만 명으로 10명 중 3명은 입시를 앞둔 중·고교생이다. 중국, 러시아, 일본, 베트남, 필리핀, 태국 등 학생들의 출신 국가도 가지각색이다. 그 때문에 우리 정부에서는 한국 학제 경험이 부족한 결혼이민자, 기타귀화자가 학령기에 접어든 자녀를 양육하고, 학습을 지도하는 데 어려움을 겪고 있어 이에 대한 정책적 관심을 쏟고 있다. 다문화가족 자녀 중 국내에서만 성장한 자녀의 비율이 90%에 이르면서 다문화 배경 자녀의 강점인 이중언어 활용 및 능력 개발 의지는 오히려 줄어들고 있다는 비판을 의식하고 있다.

다문화가족 정책 방향과 비전을 제시하고 학령기 자녀 맞춤형 교육·돌봄 체계를 담아 '제4차 다문화가족 정책 기본계획(2023~2028)'을 수립할 예정이다. 우선 2024년 기준으로 전국 90개 가족센터에서 운영하고 있는 다문화가족 자녀 기초학습(초등학교 입학 전후 읽기, 쓰기, 셈하기) 지원 사업과 78개 가족센터에서 실시하고 있는 학업·진로 상담 서비스를 확

대하고, 가족센터의 '이중언어 가족 환경 조성 사업'을 통해
가정 내 효과적인 이중언어 소통 방법 등을 교육하며, 이중언
어 인재 데이터베이스(DB)도 운영한다.

다문화가족이 늘고 있는 요즘 배우자와 배우자, 배우자
와 배우자의 가족, 나아가 2세 자녀들을 위한 사회통합의 노
력이 필요하다. 특히 문화·사회적인 차별을 방지하고 2세들이
기존 원주민 자녀들과 함께할 수 있도록 다문화 이해 교육도
강화해야 한다. 일각에서 벌어지고 있는 다문화 2세와 원주민
자녀들 간의 충돌을 제도적으로 방지할 수 있는 틀도 마련해
야 한다. 무엇보다 다문화 수용성을 높이고 정부 주요 정책의
차별과 편견 요소를 점검하는 게 필요한 때다.

방가? 방가!(He's on duty)

개봉 2010
감독 육상효
출연 방태식·방가 ○ 김인권
용철 ○ 김정태
장미 ○ 신현빈
알리 ○ 방대한
라자 ○ 나자루딘(Nazarudin)
찰리 ○ 피터 홀맨(Peter Holman)
마이클 ○ 에숀쿠로브 파르비스(Eshonkulov Parviz)
제작 상상역엔터테인먼트

주변 아닌 주역

- 육상효 감독 -

영화 〈방가? 방가!〉는 이주노동자의 애환을 소재로 다룬 코미디 영화다. 다문화의 현실과 이주노동자의 삶을 유쾌한 흐름에 묵직한 시선으로 담아냈다. 코미디라는 틀 안에서 사회성 짙은 이야기를 밝고 긍정적으로 담아내 대한민국의 공동체 미래와 이주민과 거주민의 유대감을 높였다고 평가할 만하다. 영화 속 이주노동자들은 다양한 국적과 문화를 가진 캐릭터들로 등장한다. 각기 다른 이유로 한국에 머물지만 이들은 단지 힘든 일을 맡긴 부속품이 아니라 저마다 꿈과 애환을 가진 인간이라는 점을 부각한다. 각각 캐릭터가 표현한 모습은 이주민, 이주노동자를 바라보는 고정관념을 탈피해 이들이 왜 우리의 이웃이 되었나 질문을 던진다.

이 영화의 메가폰을 잡은 육상효 감독, 그에게 영화 개봉 이후 2025년 현재 시점에서 우리에게 어떤 이야기를 다시 전해줄 수 있을지 들어보았다.

미국 유학 시절 다문화에 대해 알게 됐습니다. 그때 경험을 토대로 언젠가는 다문화 문제를 다뤄보고 싶었어요. 그런데 귀국 후 외국인 노래자랑을 위해 이주노동자들이 연습한다는 이야기를 듣고 처음에는 이주노동자들이 외국인 노래자랑에 참가한다는 설정에서 출발했어요. 이후 한국인 캐릭터를 생각하게 됐고, 자연스럽게 외모지상주의가 판치는 오늘날 취업 풍경도 뒤섞어보게 됐죠.

다문화라는 용어가 마음에 들지 않습니다. 용어를 만드는 순간 차별적 생각들이 스며듭니다. 다문화가족, 다문화아동, 다문화결혼 등 모든 용어가 차별적 레벨을 부착시킬 수 있습니다. 다문화라는 용어를 없애는 것이 차별 철폐의 시작이라고 생각합니다. 미국은 부모의 민족적, 인종적 배경에 대해서 기록하지만 그들 모두를 다문화라고 하지 않습니다. 베트남에서 온 엄마가 있는 가정이라고 해도 다문화가족이라고 부르지 않으면 어떨까요? 엄마가 베트남계라고 부르는 게 더 합리적입니다. 사실을 그대로 기록하는 것이 다른 용어를 만들어 붙이는 것보다 더 낫습니다.

외국인, 혹은 이주민과 대한민국 거주민은 생각하는 것만큼 다르지 않습니다. 다르다고 생각하는 것은 우리 안의 마음일 뿐이죠. 국가가 상상의 산물이듯, 민족이나 인종도 상상의 산물이 아닐까요.

또 사회학적으로 문화적 횡단이라는 개념이 있습니다. 사회의 강자라고 생각되는 구성원이 약자의 입장으로 건너가서 살펴본다는 개념입니다. 전 영화 속에서 한국인이 외국인이라는 약자의 입장으로 건너가서 그들의 삶을 살펴보기를 바랐습니다.

영화 속에서 알리가 외치는 장면이 있습니다. "한 번 들어와서 오도 가도 못하는 한국이 감옥이다."

계약 조건과 불리한 출입국 규정으로 대부분의 외국인은 한 번 들어오면 이 나라를 떠날 때까지 왕래하지 못하는 경우가 있습니다. 조금 더 전향적인 출입국 제도가 필요합니다. 또 영화에서 장미가 거대한 아파트 숲을 보면서 말하는 장면이 있습니다. "난 한국에 오면 누구나 아파트에 사는 줄

알았어." 국민의 70%가 산다는 아파트도 이주노동자들에게는 쉽지 않은 것이겠죠. 그들의 70%도 아파트에 사는 사회가 되어야 합니다.

다문화 관련된 콘텐츠에서 특별히 관심을 쏟아야 할 부분이 있을까요?

정치적 올바름(Political correctness·인종, 성별, 장애, 종교, 직업 등에 관한 편견이나 차별이 섞인 언어 또는 정책을 지양하려는 신념, 혹은 그러한 신념을 바탕으로 추진되는 사회운동)에 주의해야 합니다. 코미디나 풍자에서 '희화'하는 것과 단지 '희화화'하는 것은 당연히 다릅니다. 희화는 재밌게 그리는 거고, 희화화는 조롱하고 놀리는 것이겠죠. 희화화가 되지 않도록 주의해야 합니다.

그 기준은 언제나 정치적 올바름입니다. 이 정치적 올바름에 대한 특별한 기준은 없습니다. 다만 타인에 대한 배려, 사회적 약자에 대한 반차별적 입장 등 평소 창작자의 사고방식, 생활 방식 등이 정치적 올바름을 만듭니다.

최근 다문화 관련된 콘텐츠가 많이 등장하는데, 콘텐츠에서 다문화에 대한 인식이 어떻게 달라졌다고 느끼셨나요?

특별하게 큰 변화는 없습니다. 다만 저는 외국인이나 이주민에 대해서 조금이라도 더 친근하게 느끼기를 바라면서 영화를 만들었습니다. 그들이 한국에 일만 하고, 본국에 돈을 보내기 위해서 온 것이 아닙니다. 저마다 재밌고, 행복하게 살기 위해서 왔다는 것을 조금 더 이해하고 많은 이들이 이 이해를 공유하는 게 목표였습니다.

최근 보신 영화나 드라마에서 다문화 관련된 대사나 설정 중 기억에 남는 부분이 있을까요?

〈아침바다 갈매기는〉이란 영화에 출연한 베트남 여배우가 기억에 많이 남습니다. 다른 어떤 한국 영화에서보다 외국인 캐릭터가 중요한 역할로 등장하고, 연기 비중도 꽤 큽니다. 외국인 캐릭터가 단지 보조 역할이 아니라 중요 역할로 등장해, 그들의 마음속에서 공감을 느끼게 하는 캐릭터는 거의 처음이지 않나 싶습니다. 물론 베트남 배우의 연기도 좋았습니다. 우리 삶에서 이주민이 더 이상 주변부에 머무르지 않듯이, 삶을 반영하는 영화 속에서도 이주민의 배역이 중요한 역할로 나와서 그들의 입장을 대변하는 게 다문화 스토리의 분명한 발전이 될 것입니다.

3부

한때 이방인이었던

우리의 흔적

인종의 용광로로 뛰어든 한인들

미 나 리

"진짜 할머니 같지가 않아."

"집에서 자야지, 할머니랑 같이."

"난 할머니가 싫어."

"할머니는 진짜 할머니 같지 않아요."

"할머니 같은 게 뭔데?"

"쿠키도 만들고, 나쁜 말도 안 하고, 남자 팬티도 안 입고."

"아이고, 프리티 보이."

"난 예쁘지 않아. 멋진 거지!"

"할머니, 이쪽 아니에요. 우리 집은 저쪽이에요. 할머니 가지 마세요. 우리랑 같이 집으로 가요."

영화 〈미나리〉의 한 장면. 미국에서 자란 아이의 눈에는 한국적인 정서를 가진 할머니는 이해하기 어렵다. 사내아이인

자기에게 '프리티 보이'라니. 친구들의 할머니처럼 달콤한 쿠키도 만들 줄 모른다. 옷은 왜 이리 투박한 것일까? 영화의 말미, 할머니는 자신의 실수로 인해 가족에게 피해를 줬다는 생각에 넋이 나간다. 정처 없이 떠도는 발걸음, 간데없이 어긋난 눈의 초점. 아이는 말한다. "우리 집은 저쪽이에요." 아이도 어느새 따뜻하고 속 깊고 정 많은 할머니를 받아들인다.

이민 가족의 혼란은 세대 간에 극명하게 갈린다. 영화에선 이민 가족의 세대 간 갈등을 종종 이처럼 이해와 사랑의 힘으로 풀어내는 묘사가 등장한다. 영화 〈조이 럭 클럽(The Joy Luck Club)〉(1993)이 그 예다. 1940년대 가난과 멸시를 피해 미국으로 건너온 어머니들, 그리고 이들이 낳은 딸들이 성장하면서 겪는 과정을 그린다. 어머니들은 중국의 전통적 가

치관을 지니고 있는 반면, 딸들은 미국에서 자라 현대적이고 개방적인 사고방식을 갖고 있다. 이들은 마작 모임인 '조이 럭 클럽(喜福會)'에서 어머니 친구들과 얘기를 나누면서 각각의 모녀의 삶이 과거와 현재를 오가며 힘겨운 소통을 시작한다. 어머니들이 딸들에게 기대하는 삶과 딸들이 살아가는 방식이 서로 맞지 않아 오해와 갈등이 깊어지지만 서로의 아픔과 경험을 공유하면서 공감과 이해를 얻게 된다.

미나리처럼 뿌리 내리는 가족의 이야기

낯선 미국 아칸소의 시골로 떠나온 한 한국 가족. 아빠 제이콥(스티븐 연·Steven Yeun)은 가족들에게 자신의 능력을 증명하고 싶어 하며, 황량한 땅에 자신만의 농장을 일구기 시작한다. 엄마 모니카(한예리)는 가족의 생계를 위해 다시 일자리를 찾는다. 어린 두 아이를 돌보기 위해 모니카의 엄마 순자(윤여정)가 함께 살기로 하면서 가방에는 고춧가루, 멸치, 한약 그리고 미나리 씨를 가득 담아 온다.

의젓한 큰딸 앤(노엘 조·Noel Cho)과 장난기 많은 막내 아들 데이비드(앨런 김·Alan Kim)는 생소한 한국 문화와 여느 미국 할머니 같지 않은 순자를 쉽게 받아들이지 못한다. 하지만 가족 사이에 조금씩 변화가 찾아오며 그들의 삶은 새로운 방향으로 흘러가기 시작한다.

순자의 등장은 가족에게 새로운 파장을 일으킨다. 낯선 환경 속에서 고군분투하는 어른들과 달리 순자는 여유로운 미소와 유머로 가족의 긴장을 풀어주려 애쓴다. 그러나 '할머니'에 대한 아이들의 고정관념을 깬 순자의 행동들은 어린 데이비드에게 특히 당혹스러움을 안긴다. 함께 시간을 보내며 데이비드는 순자의 다정함과 재치 속에서 특별한 유대를 느끼기 시작하지만 둘 사이의 관계가 깊어질수록 순자의 건강은 점점 위태로워진다.

한편, 제이콥은 자신의 농장을 일구기 위해 모든 것을 걸지만 뜻대로 되지 않는 현실이 가족 간의 갈등을 점점 고조시킨다. 모니카는 점점 불안정해지는 경제 상황과 제이콥의 고집 사이에서 아이들을 지켜야 한다는 부담감을 느낀다. 하지만 순자가 심어놓은 작은 미나리 씨앗은 예상치 못한 방식으로 가족의 희망을 싹틔운다. 미나리는 황폐한 땅에서도 끈질기게 자라나고, 그 모습은 제이콥과 모니카가 다시금 서로를 이해하고 의지할 수 있는 계기를 마련해준다.

영화의 마지막, 미나리 밭은 단순한 농작물이 아닌 가족의 상징으로 자리 잡는다. 제이콥과 모니카는 비로소 꿈과 현실 그리고 가족의 의미를 다시 되새기며 새로운 희망을 품는다. 영화 〈미나리〉는 이렇게 힘겨운 현실 속에서도 뿌리를 내리고 끝까지 버티는 삶의 가치를 담아낸다.

123

힘든 노동과 문화적 충격, 초기 이민자의 고군분투

영화 〈미나리〉는 2021년 한국 영화계의 화제작이다. 영화의 주제가 미국에 건너간 한인을 주인공으로 이민을 다룬 터라 한국보다는 미국에 맞는 정서의 작품이라는 말도 있었다. 인종의 용광로로 불리는 미국은 이민자의 나라다. 그 때문에 미국 국민이 각 인종이나 민족은 다를지라도 이민 생활에서 겪는 정체성의 혼란과 그 극복 과정에 공감할 것이라는 평이었다.

이민 외에도 축은 또 하나 있다. 바로 세대를 건너뛴 할머니와 손자의 교감이다. 한국에서 미국으로 온 할머니 순자는 손자 데이비드와 친해지려고 하지만 정서가 달라 쉽지 않다. 데이비드는 순자의 행동이 자신이 생각했던 할머니의 이미지와 달라 혼란스럽다. 아이를 어르는 등 스킨십이 편안한 한국적 할머니의 이미지는 어린 데이비드에게 거북스러울 만큼 혼란을 준다. 순자에게 자신의 오줌을 음료수라고 속여 주는 등 거리를 두고 곁을 허락하지 않는 손자, 할머니와의 간극은 쉽사리 메꿔지지 않는다. 세대의 차이에 문화의 차이까지 더해지니 서로 만나지 못하는 평행선처럼 벌어진다.

전환점은 결국 사랑이다. 순자는 건강 문제로 쓰러지고, 이를 계기로 데이비드와 가족은 순자에게 새로운 감정을 느끼게 된다. 데이비드는 순자의 어려움을 알게 되고 점차 할머니에게 마음을 연다. 데이비드는 할머니의 따뜻함을 이해하고, 둘은 화해하며 끈끈한 관계를 형성한다.

2024년 기준 재외동포는 약 708만 명으로 추정하고 있다. 이 수치에는 각국의 시민권자와 영주권자, 일반 체류자 등을 포함한 대한민국 국민(재외국민)을 합한 수치다. 시민권을 가진 경우는 약 460만 명으로 추정된다. 이 중 2021년 미국에 거주 중인 재미동포는 약 263만 명이었다. 미국 시민권자뿐 아니라 미국에 거주 중인 재외국민이 포함되어 있다. 한반도를 제외하고 외국에서 가장 큰 한국계 집단이라 할 수 있다.

미국에 건너간 첫 조선 사람은 1883년 고종의 외교사절단으로 워싱턴에 파견된 보빙사(報聘使)로 알려져 있다. 최초로 미국 시민권을 딴 한국인은 1890년 당시 서재필이었다. 서재필은 1885년 개화파 몇 명과 함께 조선 고종 때에 미국 샌프란시스코로 망명했다. 이어 구한말 대한제국은 빈민층의 해외 이민을 적극 장려했다.

미국 하와이에서 19세기 말 사탕수수 재배가 활발했다. 하지만 노동력이 부족했다. 농장주들은 궁리 끝에 조선에서 활동하던 미국 선교사이자 주한미국공사관 호러스 뉴턴 알렌(Horace Newton Allen, 1858~1932)에게 노동자들을 보내달라고 부탁한다. 알렌은 고종을 설득해 여권을 담당하는 '유민국'을 설치하고 이민자를 모집하기 시작했다. 1903년 1월 13일

조선인 102명이 하와이 땅을 밟았다. 바로 그 해에 미국 본토에서 출생한 첫 한국계 미국인이 태어났다. 이후 1905년까지 7,000명 넘는 조선인들이 하와이로 삶의 터전을 옮겼다.

당시 조선인 근로자들은 하루 10시간 노동에 시달렸으나 임금은 하루 70센트에 불과했다. 힘든 근무 환경도 문제였지만 너무나 다른 문화적 차이도 큰 충격을 줬다고 한다. 춤추고 노래하는 미국 문화를 낯설어했고, 영어를 못해 식료품 구입도 쉽지 않아 달걀을 사기 위해 닭 소리를 흉내 내야 했던 에피소드도 있을 정도였다.

초기 이민자들은 어렵게 정착하며 고향 가족에게 송금하거나 약간의 재산을 모으기도 했다. 가정을 꾸리려는 욕구 때문에 하와이에 있던 조선인 총각들과 조선의 처녀들이 사진을 보고 결혼을 약속하는 '사진 결혼'이 유행했다. 중매쟁이들

ⓒ 레이블힐

은 조선 처녀들을 설득해 하와이로 보냈고, 실제 만난 조선인 하와이 총각들은 사진과 달리 가난하고 나이가 많았지만 결혼을 취소할 수도 없었다. 이후 하와이에 정착한 이민자들은 이후 미국 서부로 이주하며 한인 사회를 넓혔다. 1924년 새로운 이민법으로 인해 조선인 사진 신부 이민이 중단됐다.

이민자의 삶을 그려낸 영화들: 〈미나리〉에서 〈국〉까지

2024년 미국 선거에서 앤디 김(Andy Kim) 미국 하원의원이 미국 뉴저지주 연방 상원의원 선거에서 당선됐다. 한국계 미국인으로는 최초의 상원의원이다. 김 의원은 2018년 공화당 지지세가 강한 뉴저지 남부 지역에서 하원의원에 당선되며 주목을 받았다. 앞서 1992년 김창준 전 하원의원이 처음으로 연방 의회에 진출한 적이 있다. 이들은 아시아계로서, 더욱이 미국에서 소수민족인 한국계로서 현재의 위치에 오기까지 눈에 보이지 않는 장벽과 맞서 싸웠을 터다. 그러니 미국에 처음 발 디딘 최초의 조선인 이민자들은 아마도 이들보다 더욱 심한 차별을 겪었음은 불 보듯 뻔하다. 그럼에도 최초 이민자들은 한국의 독립운동에 적극 참여했고, 이후 일이라면 가리지 않고 닥치는 대로 노력한 피나는 인고 끝에 미국 사회에서 인정받는 존재가 됐다. 아마도 현재의 260만 재미동포의 성공에는 초창기 조선인 이민자들의 피와 땀이 섞인 고생이 바탕이 됐을 것이다.

현재 재미동포는 이전과 달리 고소득·고학력이 많다. 1980년대 즈음부터 취업 이민이 붐을 이뤘다. 초기에는 기능직 이민이, 1990~2010년대에는 고학력 취업 이민이 절정에 달했다. 주유소, 마트 등을 운영할 정도의 자산을 보유한 채 이주하고, 석·박사 유학생, 첨단 과학기술자, 박사학위를 가진 고학력층도 미국 각 기업에 연을 맺고 있다. 미국 역시 가족의 가치를 중시하고 문화융합에 적극적인 한국인, 나아가 아시아계 이민자들을 선호하는 편이다.

미국은 한때 인종의 용광로(Melting pot)로 불렸다. 아이리시(Irish), 스코티시(Scottish) 등과 마찬가지로 미국 이민자들은 한국계 아메리칸으로 불린다. 미국 LA의 경우 시에 거주하는 소수민족 중 가장 시의 정책에 부합하는 소수민족을 한국계 아메리칸으로 꼽을 정도로 이민자들은 원만하게 미국사회에 조화를 이뤘다. 현지 재외동포와 함께하는 미주한국일보에 따르면 LA 시 당국에서 소수민족과 관련된 행사나 이벤트를 할 때 한국계를 그 첫 번째로 둔다고 한다. 한국계 아메리칸은 동양계 중에서 모국의 정체성과 이민국의 정체성을 고루 가진 인종으로 표현되기도 한다.

한국계 미국인의 미국 이민을 다룬 작품으로는 〈미나리〉에 앞서 〈깊고 푸른 밤〉(1985), 〈국〉(2017), 〈미쓰퍼플〉(2019) 등이 대표적이다. 〈국〉과 〈미쓰퍼플〉은 한인들이 겪는 어려움과 인종 간 갈등, 가족 내의 복잡한 관계를 사실적으로 묘사하며 깊은 감동과 통찰을 준 작품으로 평가받는다. 〈국〉은 1992년 LA 폭동을 배경으로 한인 1.5세 형제(일라이와 다니엘)가 아버지의 신발가게를 운영하며 생존을 위해 고군분투하는 이야기다. 흑인 소녀 카밀라와의 우정, 흑인 이웃들과의 갈등, 한인 동네에서의 차별과 폭력이 주요 줄거리다. 영화는 폭동과 약탈 속에서 한인들과 흑인 간의 오랜 갈등을 조명하고, 서로 얽힌 과거의 비극을 드러낸다. 영화 제목인 '국(Gook)'은 동양인을 비하하는 표현으로, 한국계 이민자들의 고단한 삶과 정체성을 상징한다.

〈미쓰퍼플〉은 병든 아버지를 간병하며 코리아타운 노래방 도우미로 일하며 생계를 이어가는 케이시를 통해 과거와 현재를 오가며 가족 간의 사랑과 갈등, 희생과 독립을 그려낸다. 케이시의 오빠 캐리는 과거 아버지의 학대와 가족의 붕괴로 집을 떠났지만 간병을 위해 돌아오는 등 각각 캐릭터의 여정을 섬세하게 그려냈다는 평가를 받는 작품이다. 영화의 제목은 극 중 주인공이 어린 시절 입었던 보라색 한복에서 유래했으며 케이시의 억압된 삶을 대변한다.

미국 이민을 다른 영화들은 대부분 초기 이민자, 이민 1.5세대 등이 겪는 혼란을 통해 정체성, 인종차별, 가족 간의 갈등을 다룬다. 앞서 한국계 아메리칸이 미국에서 모범적 소수인종으로 인정받고 있지만 그 과정 속에 감춰진 실패한 아메리칸 드림, 이민자들의 상처. 이민 사회의 어두운 단면 등을 드러내고 있다. 성공한 정치인 등 화려한 스포트라이트를 받는 이면에도 어떤 어둠이 있었는지 성찰하도록 관객을 일깨우기도 한다.

〈미나리〉의 성공은 영화가 보여준 다채로운 메시지에서 기인한 바가 크다. 이민자의 삶, 3세대를 걸친 가족과의 유대, 모국 문화와 이민국 문화의 정체성 충돌 등 다양한 에피소드로 깊이 있는 진정성을 보여주기 때문이다. 메가폰을 잡은 정이삭 감독은 자신의 어린 시절을 배경으로 영화의 스토리를 구성했다고 한다.

2030년 다문화 대한민국, 새로운 '미나리'의 탄생

미국 이민사는 인종의 용광로(Melting pot) 이론, 샐러드볼(Salad bowl) 이론, 모자이크(Mosaic) 이론 등으로 이어지며 다문화의 융합을 논했다. 20세기 후반에 들어 세계화가 촉진되며 다문화 이론이었던 인종의 용광로에 대한 대안이 연이어 나왔다. 모국의 문화 정체성을 최대한 유지하면서 이민국의 문화와 분리 혹은 융합하는 개념이라 볼 수 있다. 다양한 문화를 가진 인종이 융해되지 않고 각자의 문화를 나름대로 지커나가면서 전체와의 조화를 이루며 살아간다는 샐러드볼 이론이 대표적이다. 미국 뉴욕이나 LA와 같은 도시의 분위기가 이런 이론을 상징한다.

모자이크 이론은 다양한 인종이 상호 공존하면서 한 사회의 전체 문화를 이룬다는 핵심 개념을 바탕으로 개별적인 문화가 구성요소가 되고, 한데 모여 통합된 전체 문화를 만든다. 모자이크 이론이 등장한 이유는 미국의 용광로 이론에 대한 반동이었다. 상호 다른 문화의 인종들이 대립 혹은 갈등하는 게 아니라 상호 인정하고 상생 공존하는 사회와 국가를 만들겠다는 의미다. 캐나다의 경우 인종과 민족에 따른 편견과 차별의 장벽을 법과 제도로 제거하는 등 모자이크 형태의 다문화국가를 지향하고 있다.

〈미나리〉 속 다문화 다양성의 예로는 영화의 마지막, 우물을 만들 물줄기를 찾는 우리나라 전통적인 방법을 버리고 미국인 이웃이 알려준 방법을 쓰는 주인공의 모습을 들 수 있다. 이론적으로 따진다면 샐러드볼보다 모자이크에 가까운 것으로 해석된다. 스테인드글라스처럼 각각의 조각은 색깔과 모양이 다르지만 전체를 이룰 때 조화로운 아름다움과 안정감을 준다.

영화의 제목 '미나리'는 미국 이민에 나선 한인의 모습을 드러낸다. "미나리는 이렇게 잡초처럼 막 자라니까 다 뽑아 먹을 수 있어. 부자든 가난한 사람이든 뽑아 먹고 건강해질 수 있어." 영화 속 이 대사는 험난한 미국 이민 생활에서 끝내 이겨내고야 마는 한인의 과거와 현재를 그려낸다. 질긴 미나리처럼 장시간 근무도 마다하지 않는 병아리 감별사로, 물길 하나 제대로 없는 토지를 개척하는 농부로 살아갔던, 그래야만 했던 그들의 모습을 그려낸다. 〈미나리〉의 가족상에는 "나는 장남으로서 가족을 돌본 것뿐이야."라는 단호한 목소리 속에 가부장적인 이미지보다는 가족의 생계와 미래를 먼저 생각하는 가장의 혹독한 무게가 느껴진다. 1970년대와 1980년대 이민 1세대는 〈미나리〉의 주인공처럼 병아리 감별이나 밤낮없는 세탁소 운영 등 장시간 노동으로 자녀와 가족을 위해 희생했다. 그 희생의 대가 중 자신을 위한 것은 없었다. 그저 아이의 하버드대 입학 등 진학의 성공이나 변호사나 의사 등 전문직 입성이 우리 미국 이민자 부모들의 목표이자 바람이었다.

〈미나리〉의 줄거리를 한국에 이민을 온 어느 동남아 가족의 이야기로 바꿔보자. 영화 자체를 관통하는 주제는 이민이다. 우리의 미국 이민사와 마찬가지로 동남아 어느 국가의 한국 이민사도 마찬가지일 터이다. 그들의 일상에도 영화 〈깊고 푸른 밤〉, 〈국〉, 〈미쓰퍼플〉 등에 이어 〈미나리〉가 주는 갈등과 화해의 이야기가 있을 것이다. 이민을 주제로 한 〈미나리〉가 미국뿐 아니라 대한민국에서도 큰 공감을 불러일으킨 건 바로 이민의 이야기가 바로 우리에게 다가와 있기 때문이다. 어느덧 우리도 이민자를 받아들일 때 용광로를 만들지, 샐러드볼처럼 정체성을 드러내게 될지, 모자이크처럼 전체의 조화에 집중할지 선택해야 할 때를 눈앞에 두고 있다. 이민자의 후손으로 이루어진 미국의 정서에 더 잘 맞는 영화라기보다 우리 대한민국 국민에게 큰 메시지를 전달하는 영화라고 볼 수 있는 것도 이러한 이유 때문이다.

2030년 전체 인구의 10% 가까이 다문화가족의 구성원이 될 것이라는 전망이 나오고 있는 오늘, 미국의 '미나리'처럼 다문화가족의 상징으로 무엇이 떠오를지 기대해본다.

미나리(Minari, 2021)

개봉 2021
감독 정이삭
출연 제이콥 ◦ 스티븐 연
모니카 ◦ 한예리
순자 ◦ 윤여정
데이비드 ◦ 앨런 김
앤 ◦ 노엘 조
제작 A24, 플랜B

국 제 시 장

"꼬라지에 커피는…. 기가 막히가, 하하하."

"저래 하니까 나라가 몬 살지."

"야, 왜 욕해?"

"우리 욕 안 했는데?"

"커피 얻어 묵지 않았다. 내 돈으로 사 묵었다. 문제 있 나?"

"오빠야, 점마들 사투리 쓴다."

"그럼! 부산 사람, 부산말 쓰지 그럼 서울말 쓰나?"

"지가 우예 부산이고? 깜디 새끼야!"

"부산에서 살면 부산 사람이다! 한국에서 살면 한국 사 람이고!"

"남의 나라에서 와 지랄이고?"

영화 〈국제시장〉의 한 장면이다. 편의점 인근에서 커피를 마시는 한 커플. 외양을 보면 아프리카 북부 출신으로 보이는, 피부색이 동양인이 아닌 흑인에 가깝다. 이를 지켜보던 한 무리의 고등학생. 무례하기 짝이 없는 혼잣말을 한다. "꼬라지에 커피는…" 듣고 있던 외국인 커플은 불쾌해한다. 제 돈으로 커피를 사 먹는데 문제될 게 있나? 부산 살며 부산 사투리를 쓰는 게 또 문제될 게 있나?

이 상황을 바라보던 영화의 주인공 덕수(황정민)는 젊은 시절 돈을 벌기 위해 독일행을 택했던 경험을 떠올렸을 터다. 서울대에 합격한 동생을 위해 파독 광부를 지망한 덕수는 현지에서 다른 피부색, 다른 문화로 인해 어려움을 겪었다. 탄광에서 시커먼 탄가루를 뒤집어쓴 채 감자를 먹던 그는 "아이고, 시커먼 새끼들"이라는 자조 섞인 표현으로 자신과 동료들의 처지를 표현하기도 했다. 그러던 덕수에게 부산에 사는 외국인에게 피부색이 다르니 한국인이 아니라는 고교생의 말은 마치 젊은 시절 자기가 듣던 말과 같았다. 게다가 '깜둥이'라는 차별적 단어가 나오니 참을 수 없었다.

궂은일도 마다할 수 없었던, 삶의 무게

윤덕수는 함경남도 흥남에서 아버지, 어머니, 여동생과 함께 사는 평범한 남자였다. 단조로웠던 그 삶에 1950년 한반도에 발발한 전쟁의 불씨로 고난이 일어났다. 덕수네 가족을 비롯한 흥남 주민들은 서둘러 짐을 챙겨 피난길에 오른다. 인산인해, 남으로 가는 모든 길이 막힌 상황에서 믿을 건 미군이 철수시키려는 화물선 한 척이다. 배는 한 척. 난민은 10만 명. 너도나도 배에서 내린 밧줄을 움켜쥔다. 덕수 역시 여동생 막순이를 둘러업고 밧줄을 잡아서 부지런히 오른다. 하지만 배에 오른 뒤 뒤가 허전한 걸 깨달은 덕수. 곧바로 동생을 찾아 밑을 내려봤지만 동생은 흔적도 없다. 딸이 없어진 걸 알게 된 덕수의 아버지 윤진규(정진영)는 아들에게 이제부턴 네가 가장이니 가족들 잘 지키라는 말을 남기고 없어진 딸아이를 찾기 위해 다시 밑으로 내려간다. 만약 흩어지게 되면 부산에 있는 '꽃분이네'라는 가게에서 만나기로 한 약속을 남긴 채.

그 순간, 멈춰 있던 배는 출발했고 그렇게 덕수는 아버지와 여동생의 행방을 모른 채 이별하게 된다. 배를 타고 덕수가 온 곳은 부산에 사는 고모가 꾸리는 '꽃분이네'라는 잡화점. 주정뱅이와 사는 고모 역시 남 돌볼 처지가 못 됐다. 그런데도 혈연의 온기는 따스했다. 급작스럽게 굴러온 덕수네를 내쫓기는커녕 네 식구(엄마, 덕수, 막냇동생 끝순, 남동생 승규)가 더부살이할 방 한 칸까지 내준다. 그리고 덕수 또한 임시 천막 학교에서 만난 부산 소년 달구(오달수)와 죽이 잘 맞는 친구가 되며 낯설기만 하던 부산이라는 곳이 익숙해져간다.

네이버영화

네이버영화

네이버영화

청년이 된 덕수는 아버지의 말대로 가족들을 먹여 살리기 위해 온갖 궂은일을 마다하지 않는다. 그러던 어느 날 기쁜 소식이지만 슬픈 미래가 다가왔다. 동생 승규가 서울대에 합격했다. 하지만 덕수의 금전 사정으로는 대학 등록금을 마련하기 어려웠다. 마침 우연찮게 친구인 달구가 파독 광부직이라는 일자리를 알게 됐고 우여곡절 끝에 시험에 합격해 덕수와 달구는 독일로 떠난다.

덕수는 광부 일을 하다 우연히 파독 간호사 영자(김윤진)를 만나 고국으로 돌아오자마자 결혼식을 치른다. 이후 해양대에 합격하며 오래전부터 꿈이었던 선장의 길을 걷나 싶었지만 또 다른 문제가 터졌다. 막냇동생 끝순이 혼수 자금 문제로 엄마와 말다툼하는 걸 우연히 들은 것이다. 결국 덕수는

눈물을 머금고 선장의 꿈을 접고 이번엔 베트남에서 기술자 일을 하겠다고 했다. 당시, 베트남은 전쟁이 한창이었기에 철 없는 여동생만 혼수 자금이 생긴다며 좋아할 뿐 엄마는 물론 이고 영자조차도 과부 만들 셈이냐며 강하게 반대하는데. 과 연 덕수는 또 다른 위기를 극복할 수 있을까?

〈국제시장〉은 한국 현대사를 배경으로 주인공 덕수의 파란만장한 삶을 통해 가족을 위해 희생하는 세대의 모습을 담고 있다. '가족애'는 이 영화의 핵심 메시지다. 덕수는 가족 을 위해 끊임없이 희생하고 그 모든 고통을 묵묵히 감내하며 생계를 이어간다. 덕수는 한국전쟁 이후 피난민이 된 어린 시 절 이후 흩어진 가족을 찾겠다는 일념으로 고생하며 살아간 다. 독일 광부로, 베트남전 참전 등 해외에 나가 위험한 일도

마다하지 않고 가족을 위해 헌신한다. 덕수의 삶은 우리 현대사를 살아낸 한 세대의 희생이자 고난의 역사다.

다문화시대, 관례적 표현이 주는 함정

독일에서 피부색과 인종을 이유로 보이지 않는 어려움을 경험했던 덕수는, 독일인에게는 다문화인이다. 대한민국에 현재 살고 있는 이들 중 또 다른 피부색을 가진 이도, 덕수가 독일에서 겪은(영화에서 많이 그려지지 않았지만) 차별과 편견을 겪을 것으로 보인다. 대한민국이 다문화사회에 접어들면 보다 다양한 인종, 피부색 등을 가진 이들이 등장할 터다.

최근 우리나라 콘텐츠에는 한국어를 쓰는, 심지어 사투리를 쓰는 귀화 혹은 태생 한국인들이 눈에 띈다. 대한민국에서 난민으로 정착하여 거주하는 콩고민주공화국 출신의 방송인이자 유튜버인 조나단이 대표적인 예다. 고향이자 본가는 광주광역시로 두고 있으며 귀화 예정임을 밝힌 조나단은 특유의 넉살스러운 억양과 구수한 사투리를 매력적으로 구사한다. 방송이나 유튜브에서 보이는 그의 유머도 거침이 없다. 일명 '암살개그'로 부른다. 대화 도중에 조나단이 일종의 인종 관련 개그(피부색 등)를 던져서 상대방이 난처해지도록 만들고 자칫 대응을 잘 못하면 '인종차별주의자'로 나락에 빠지기 쉬워, 상대에겐 치명적인 이른바 '암살'과 같다. 조나단이 방송에 출연한 것을 보고 친구들이 '흑역사'라는 반응을 했을 때 "흑(黑)?"이라고 한다거나, 다크서클이 언급되면 '어? 다크서클?'과 같이 피부색과 연관된 이야기가 나올 때 재차 강조하며 맞받아치는 식이다. 피부색이 검은 조나단이 구사하면 유머가 될 수 있으나 혹 다른 피부색을 가진 이가 시도했다가는 큰일 날 법하다.

다문화시대에 피부색이 구별 혹은 차별이 될 것인가는 또 다른 문제다. 필자가 참여한 한국신문윤리위원회(이하 신문윤리위)의 심의 과정에서 피부색을 두고 구별이냐, 차별이냐 논쟁이 붙은 적도 있다. 예를 들어 2023년 12월 '푸른 눈의 한국인 인요한'이라는 표현이 '차별과 편견 금지'에 해당하는지 여부다. 언론사들은 '푸른 눈의 한국인', '푸른 눈 의사', '푸른 눈의 혁신위원장' 등의 표현을 제목에 보도했다. 신문윤리위는 해당 기사들이 신문윤리실천요강 '차별과 편견 금지' 조항과 신문윤리강령 '언론의 책임' 등을 위반했다고 판단했다. 신문윤리실천요강 '차별과 편견 금지' 조항을 보면 지역, 계층, 성별, 인종, 종교 간 갈등이나 혐오를 부추기는 보도를 해서는 안 되며, 이에 근거해 개인이나 단체를 차별해서도 안 된다. 신문윤리강령 '언론의 책임' 조항을 보면 언론은 다양한 여론을 형성하고 국민의 기본권을 보호, 신장하기 위해 적극적으로 노력한다. 신문윤리위는 당시 피부, 눈동자 색으로 인종을 구분하는 관례적 표현에 대해 차별과 편견이 숨어 있다고 봤다. 신문윤리위는 "서구인 혈통으로 한국 국적을 취득한 인요한 교수를 백인종의 인류학적 특징 중의 하나인 '푸른 눈'으로 상징적으로 묘사한 것이지만 이와 같은 묘사는 자칫 인종주의적인 표현으로 인식될 수 있고 차별과 편견을 조장할 위험이 있다"고 주장했다. 또 "비하적인 표현이 아니라 선한 의도였다 할지라도 굳이 한국으로 귀화한 외국인에게까지 인종적 색깔로 차이를 강조하고 우리와 구분 지어서 배제하는 방식의 보도는 바람직하지 않다"며 "이 같은 표현은 인요한 교수가 이방인으로서 한국의 정치 풍토 속에서 어떻게 동화될 수 있을까 하는 시선이 담겨 있는 것으로도 해석될 여지가 있어 향후 그의 활동에 대해 부정적인 이미지를 주거나 희화화하는 요인으로도 작용할 수 있다"고 지적했다. 장애인에 대해 표현의 자유보다 사회적 책임을 우선하는 것만큼 인종적 차이로 서로 구분 짓는 그 어떠한 표현에 대해서도 관례라는 이유로 쉽게 용인해서는 안 된다는 입장이다.

차별과 편견 없는 표현의 기준을 찾다

피부색뿐 아니라 국적을 표현하는 것 자체가 논란이 될 수도 있다. 신문윤리위는 2024년 10월 필리핀 출신 가사관리사를 '필리핀 이모'로 표현하는 게 차별과 편견을 조장할 수 있다고 봤다. '외국인 가사관리사' 제도를 언급하면서 필리핀에서 온 가사관리사의 입국 소식, 관리 문제 등을 논의할 때 이 단어가 쓰였다. 신문윤리위는 "필리핀에서 온 외국인 가사관리사에 대해 친근함을 갖게 하는 표현일 수 있다"면서도 "'이모'라는 호칭은 외국인 여성 근로자를 비하 혹은 차별하는 표현으로 비칠 수 있다"고 적었다. 특히 "출신 국가의 이름을 붙여 부르는 게 특정 국가나 외국인노동자에 대해 차별을 부추길 우려가 있다"고 덧붙였다.

사실 피부색은 그저 눈에 보이는 과학적 차이다. 피부색은 멜라닌이라는 색소에 의해 결정된다. 멜라닌은 거의 모든 동물에게 있는 색소다. 사람의 멜라닌 색소는 피부, 머리카락 색깔 등을 결정한다. 멜라닌 색소가 많이 들어가면 까맣게 되고 적게 들어가면 하얗게 된다. 자외선이 강한 지역에서 검은색 피부는 피부 손상을 방지하고 DNA 변형을 막는다. 북유럽인들이 남아시아인들보다 하얀 것은 유전적인 이유 외에도 긴 겨울로 인해 햇빛을 덜 받는다는 이유도 있다. 밝은 피부가 아름다운 피부라는 인식은 사회·문화적으로 잘못된 교육의 결과물이다. 하지만 불행히도 여전히 인종을 간편하게 구분하는 방법으로 피부색을 꼽는 경향이 존재한다.

미국에서는 한때 혼혈에 대한 거부감이 심했다. 1660년대 메릴랜드주에서 인종 간 결혼 금지법이 생겼을 정도다. 흑인노예제도가 폐지된 이후에도 식당, 호텔, 병원, 학교, 버스 등에서 백인과 유색인종이 사용할 수 있는 공간을 분리한다는 법이 만들어지기도 했다. 백인의 지배를 강화하기 위해 만들어진 '짐 크로 법(Jim Crow law)'이다. 이 법은 당시에는 백인 주류의 지지를 받아 1896년 연방법원에서 합헌 판결을 받기도 했다.

이와 더불어 미국의 대표적인 인종차별법으로는 '인종순결법(Racial integrity law)'도 있다. 2016년 개봉한 영화 〈러빙(Loving)〉은 백인과 유색인종의 결혼을 금지한 인종차별법이 유지되던 1858년 미국 버지니아주에서 일어난 사건을 다뤘다. 버지니아주에서 건설 현장의 인부로 살아가는 백인 남성 리차드 러빙은 같은 동네의 흑인 여성 밀드레드를 만나 사랑에 빠진다. 인종 간 혼인을 금지하는 버지니아주 법에 따라 두 사람은 워싱턴 D.C.에서 혼인신고를 한 후 집으로 돌아온다. 하지만 곧 보안관에게 체포돼 주에서 추방당하고 만다. 차별적이고 인간의 보편적인 권리를 거스르는 관례를 참을 수 없었던 부부는 국가를 상대로 법의 위헌 여부를 다투는 재판을 시작한다. 결국 대법원은 인종 간 결혼 금지를 위헌으로 판결했고, '결혼은 천부의 권리(Inherent right)'라고 선언했다.

외국인을 분류하거나 단정하는 표현은 콘텐츠에서도 자주 등장한다. 〈국제시장〉에서 '깜디'라는 표현처럼 특정 인종이나 민족을 표현하는 건 지양할 필요가 있다. 흑인을 보면 아프리카의 밀림을 떠올리고 백인을 보면 유럽의 고성을 떠올리던 때는 지났다. 〈국제시장〉 속 대사처럼 동남아 출신이라도 커피를 사 먹을 돈이 없다고 할 수 있을까? 1960년대 미국의 마틴 루서 킹(Martin Luther King) 목사는 그의 유명한 연설 '나는 꿈이 있습니다(I have a dream)'에서 '피부색이 아닌 인격으로 사람을 판단하는 나라'를 꿈꿨다. 사람의 가치는 피부색과 같은 외양이 아니라 그 속을 채운 내용에 있다는 걸 인식해야 한다. 다문화시대를 살아가는 우리에겐 피부색이나 눈동자 색보다 한국인이라는 정체성이 더 중요하다. 더욱이 인구가 줄어가는 마당에 해외에 흩어져 있는 750만 명의 한민족을 아우르는 K-디아스포라가 필요한 때가 아닌가.

국제시장(Ode to my father)

개봉 2014
감독 윤제균
출연 덕수 ° 황정민
영자 ° 김윤진
달구 ° 오달수
덕수부 ° 정진영
덕수모 ° 장영남
제작 JK필름

페 어 웰
페 어 웰

"점점 나이 들어봐라."

"돌봐줄 사람이 있어야 한다."

미국 이민자 가족이 본국인 중국으로 할머니를 찾아갔
다 벌어지는 에피소드를 담은 이 영화는 중국 문화에 익숙한
이민 1.5세대가 서양 문화 속에 적응하는 과정을 이야기한다.
할머니가 암에 걸렸다는 걸 알리지 않고, 편안한 임종을 맞이
하도록 '하얀 거짓말'을 하는 가족들의 합의가 영화의 주요 전
제로 이야기는 시작되고, 가족, 존경, 희생 등 동양 문화의 주
요 키워드로 여겨지는 소재가 담긴다.

할머니에게 사실을 알리지 않는 이유에 대해 영화는 대
사로 이렇게 말한다. "책임지고 싶지 않아서 그런 거야. 죄책
감을 안 느껴도 되니까. 할머니 대신 그 짐을 지는 게 우리의
몫이니까." 결국 '하얀 거짓말'은 가족 각자가 짐을 나눠 갖는

다는 의미로 서양 문화보다 동양적 가치관을 가진 가족의 모습을 보인다. 다시 말하지만, 이들이 살고 있는 공간적 배경은 미국이다.

　미국에 살고 있는 손녀 빌리, 중국 창춘에 살고 있는 빌리의 할머니. 두 사람은 통화를 나눈다. 빌리는 뉴욕의 거리를 걷고 있고 할머니는 멀리 떨어진 중국에 있다. 서로를 아주 끔찍이 사랑하는 두 사람, 추운데 모자는 잘 쓰고 있냐고 묻는 할머니의 질문에 모자를 쓰고 있다고 빌리는 대답한다. 아주 사소한 거짓말이다. 서구 문화에서 살고 있는 1.5세대가 여전히 본국 문화에 익숙한 할머니에게 굳이 필요 없는 거짓말을 하는 이유는 무엇일까? 조금 거창한 이유일 수 있지만, 이는 곧 모국과 살고 있는 국가의 문화적 충돌로 인한 정체성 때문이라고도 해석할 수 있다.

시한부 할머니와 손녀, 사랑으로 채운 시간

　서른이 된 작가 지망생 빌리(아콰피나·Awkwafina)와 그 가족들의 이야기는 중국 창춘에 살고 계신 할머니(자오 슈젠·Shuzhen Zhao)와 뉴욕에 있는 그가 서로 통화를 하는 시점부터 시작한다. 빌리는 어릴 적 부모와 함께 미국으로 이민을 온 1.5세대 이민자다. 작가의 꿈을 키우고 있지만, 일이 잘 안 풀려 방세도 제대로 못 낼 지경이다. 어려운 현실에서 오

148

는 마음의 빈자리를 채우기 위해 어릴 때부터 의지해온 중국에 남은 할머니와 자주 통화하면서 큰 위로를 느낀다. 그러던 어느 날 이모할머니에게서 할머니가 시한부 선고를 받았다는 사실을 듣고 큰 충격에 빠진다. 결국 가족 모두 할머니가 있는 창춘으로 가기로 하고 하얼빈에 살고 있는 빌리의 큰아버지 가족 역시 창춘으로 온다.

가족은 할머니가 충격받을 것을 염려해 할머니에게는 시한부 판정 이야기를 숨기기로 한다(중국 일부 지역에서는 가족이 불치병에 걸리면 그 당사자에게는 알리지 않는 풍습이 있다고 한다). 하지만 모든 가족들이 모여 있으니 여기에 걸맞은 핑곗거리가 필요했다. 아무런 이유 없이 미국에서 중국으로, 먼 길을 이동하는 수고를 감내하며 할머니 곁으로 온 가족이 모이는 건 아무래도 수상한 일이기 때문이다. 그 이유를 두고 큰아버지의 아들이며 빌리의 사촌 동생인 하오하오가 일본인 여자친구와 결혼하게 됐다는 핑계를 대기로 한다. 하지만 유독 빌리만은 할머니와 가장 가까운 탓에 감정을 잘 속이지 못하고 모두가 약속한 하얀 거짓말을 제대로 못 할 것을 염려해 오지 말라는 말을 듣지만, 할머니를 보고 싶은 빌리는 있는 돈 없는 돈 다 털어서 기어이 중국으로 뒤따라간다. 뒤늦게 중국에 도착한 빌리는 여전히 할머니에게 거짓말을 하는 게 옳은 일인지 고민하며 심각한 표정을 숨기지 못한다. 이

런 빌리의 속을 모르는 할머니는 빌리를 보고 무척 반가워한
다. 빌리는 할머니가 얼마 안 남은 인생을 정리할 기회를 가져
야 한다며 진실을 알리고 싶어 한다. 할머니를 생각하는 빌리
의 마음, 하지만 가족들의 주장도 할머니를 위한 것이다. 빌리
의 부모님, 큰아버지 부부, 이모할머니, 오촌 고모(이모할머니
의 딸) 모두 아픈 할머니에게 심적 부담을 지울 수 없다며 그
런 심적 부담은 자식들의 몫이라고 주장한다. 하마터면 할머
니가 진실을 알게 될 뻔한 일도 생기지만 친척들이 똘똘 뭉쳐
서 병원 진단서를 위변조까지 하며 비밀을 지킨다.

이런저런 일로 가족 간, 친척 간에 소소한 갈등을 겪기
도 하지만 우여곡절 끝에 사촌 동생의 결혼식을 무사히 치르
면서 새삼 가족 사이 정과 의리도 느끼고, 비록 아무것도 모
르는 할머니지만 손녀와 함께 지낼 수 있는 것에 즐거워한다.
그렇게 할머니와 함께하는 시간에서 빌리도 힘을 얻고, 할머
니의 격려와 함께 다시 꿈을 키울 의지를 키워 미국으로 돌아
간다. 영화 마지막 부분에서 자막으로, 할머니는 의사가 예상
한 시한부 기간을 훨씬 지나서도 생존했다고 나온다.

세계가 주목한 영화, 중국에서는 흥행 저조

〈페어웰〉은 미국의 중국계 작가 겸 감독인 룰루 왕(Lulu
Wang)이 자신의 어렸을 적 경험을 토대로 각본을 쓰고 연출

ⓒ에버랜드

ⓒ에버랜드

ⓒ에버랜드

한 중국 이민자 가족의 이야기다. 영화의 주인공은 한국인 어머니와 중국계 아버지 사이에서 태어난 한국계 배우 아콰피나가 맡았다. 아콰피나는 연기를 하기 전에 래퍼였는데 그때 이름을 계속 쓴다고 한다. 극 중 아콰피나가 연기하는 배역은 감독 룰루 왕의 분신과 같다. 영화의 배경이 되는 다양한 공간은 중국을 대표하는 도시인 베이징이나 상하이가 아닌 룰루 왕 감독이 경험한 공간으로 진행됐다. 할머니의 고향인 지린성 창춘은 물론 영화 속 결혼식장은 실제로 룰루 왕 감독의 사촌이 결혼식을 올린 연회장이라고 한다. 묘지 장면 역시 실제 감독의 할아버지가 모셔져 있는 곳이다. 빌리의 이모할머니 역할을 한 홍 루(Hong Lu)라는 배우는 감독의 진짜 이모할머니일 정도로, 감독은 영화의 등장인물과 자신을 일부 동일시했다.

〈페어웰〉은 영화 〈기생충〉이 최우수 국제영화상을 받은 '인디펜던트 스피릿 어워즈(Independent Spirit Awards)'에서 최고 장편 영화상을 받은 것을 비롯해 전 세계 주요 시상식에서 30개 넘는 상을 받았다. 영화는 평단의 엄청난 호평과 관객들의 입소문에 힘입어 무려 두 번이나 연장 개봉하기도 했으며, 미국 유명 잡지 「롤링스톤」지에서 뽑은 꼭 봐야 할 영화 10선에도 당당히 그 이름을 올렸다. 제작비 300만 달러로 7배가 넘는 2,300만 달러 이상의 수익을 거둔 것도 대단하다. 평단의 호평과 흥행까지 성공한 데다 중국 문화가 강하게 녹아든 영화인데도, 아이러니하게도 세계 영화 시장 2위인 중국에서는 흥행에 실패했다.

다른 세대와 문화, 한 식탁에서 만나다

영화 초반 빌리는 이민 1.5세대로서 태어난 국가인 중국과 자신이 성장하며 지낸 미국, 그 사이에서 정신적으로 방황한다. 자신이 어느 문화에 소속돼야 하고 어떤 나라가 자신의 정체성과 일치하는지를 두고 고민에 빠진다. 이런 혼란한 주인공의 상태를 두고 룰루 왕 감독은 나고 자란 국가와 살고 있는 국가의 불일치가 주는 문화적 차이를 이야기한다. 문화권이 다른 이들이 서로를 바라보는 시각을 이해와 포용이라는 관점에서 다루는 것이다. 이 같은 관점은 할머니에게 시한부

라는 것을 알리지 않는, 이른바 '굿 라이(하얀 거짓말)'를 바라
보는 각각의 시선 차이에서도 찾을 수 있다. 미국에 살고 있는
빌리 그리고 빌리의 부모님, 일본에 살고 있는 빌리의 큰아버
지 가족, 중국에 살고 있는 빌리의 이모할머니와 사촌 가족들
은 서로 사건을 바라보는 시각이 저마다 다르다.

　빌리의 아버지는 큰아버지에게 이렇게 말한다. 미국에서
는 이런 사실을 숨기는 것 자체가 위법이란다. 반면 빌리의 큰
아버지는 동양과 서양의 문화는 다르다고 반박한다. '할머니
도 돌아가시기 전에 정리할 게 있을지도 모르고, 작별 인사를
하고 싶을 수도 있지 않겠느냐'는 빌리의 말에 가족들은 물론,
의사까지 '중국 사람들은 다 그렇게 한다', '할머니도 할아버지
돌아가실 때 그렇게 했다'며 만류한다. 논쟁이 이어질 즈음 이
모할머니는 할머니 역시 투병을 하던 할아버지에게 삶이 얼마
나 남았는지 숨겼다고 말하며 지난 과거를 고백한다. 그렇게
결국 '굿 라이'를 두고 가족마다 가진 생각은 달라도, 모두 '굿
라이'에 서로를 포용하는 마음으로 대의에 동조하기로 한다.

　영화에는 가족들이 커다란 식탁에 둘러앉아 식사하는
모습이 자주 등장한다. 원형 테이블에서 가족들은 이야기를
나누면서 서로를 알아간다. 국가 간, 세대 간 간극에서 생기는
갈등의 노출과 해소가 주로 가족 모두가 모이는 식탁 주변에
서 펼쳐진다. 서구 문화에선 낯설 수 있으나 우리에게는 살짝

익숙한 〈결혼 피로연〉의 식탁 장면을 떠올리면 된다.

　각기 다른 곳에서 살던, 다른 세대가 모여 함께 먹고, 함께 지내는 시간을 쌓으며 모국의 문화 속에서 서로를 이해하게 된다. 할머니는 오랜만에 아들, 딸, 손자, 손녀를 만나 신이 나고 더욱이 손자가 결혼한다는 말에 기쁨을 감추지 못한다. 그 행복으로 가득 찬 마음을 표현이라도 하듯 끼니마다 원형 테이블이 비좁을 정도로 온갖 음식을 만들어 가족들을 먹이기에 바쁘다.

정체성의 충돌, 이민 1.5세대의 내면

　할머니 앞에서 숨길 수밖에 없는 속마음이 만든 죄책감과 가족의 일원으로 갖는 책임감이라는 감정선이 영화의 큰 요소로 주어진다. 여기에 룰루 왕 감독은 미국, 일본, 중국이라는 서로 다른 나라가 가진 문화 속에서 할머니, 부모, 그리고 빌리로 이어지는 세대의 차이를 보여주면서 서서히 관객의 눈과 마음에 이야기를 흘린다. 〈페어웰〉이 시한부 판정을 받은 할머니라는 다소 비극적인 소재로 시작했음에도 주인공 아콰피나가 골든글로브 뮤지컬 코미디 부문 여우주연상을 수상했다는 건 영화가 따뜻하다는 방증이기도 하다. 국가 간, 세대 간 차이를 코믹하면서도 편안하게 그려낸 게 관객들에게 높은 평가를 받은 것으로 해석된다.

가볍지 않은 주제지만 영화는 말로 표현하지 못할 이민자들의 혼란과 두려움을 잔잔한 시선으로 그려낸다. 특히나 서양 문화권에서 높은 평가를 받은 이유는 단순히 드라마라는 장르를 넘어 다국적 다민족이 어우러져 사는 이들에게 현실적인 공감대를 얻었기 때문으로 보인다. 일본에서 성공하고자 20년 넘게 참고 인내하며 힘든 삶을 사는 첫째 아들, 끊었던 담배에 다시 손을 대고 밤마다 술을 마시던 둘째 아들, 정체성 혼란을 겪는 빌리, 그리고 중국어를 한마디도 못하는 아이코와 하우하우. 한 핏줄임에도 서로 다른 문화적 배경과 캐릭터들이 충돌하는, 성격과 성향이 다르지만 가족이라는 이름으로 묶인 모습에서 여느 이민자의 가정이 투영된다.

영화 속 빌리처럼 이민 1.5세대가 태어난 국가와 살고 있는 국가 사이에서 겪는 문화적 충돌은 매우 복잡한 문제를 안고 있다. 1.5세대는 7~18세 청소년 시기에 부모를 따라 이민한 자를 말한다. 정체성 형성이 중요한 시기인 만큼 이들의 문화 습득·유지에 도움이 될 활동이 요구된다. 이들은 보통 이민 2세대와 달리 자신이 태어나고 자란 국가의 국민이라는 정체성을 지니고 있다. 다만 부모 세대의 이민 경험이나 문화적 배경으로 인해 정체성의 혼란과 사회적 차별을 경험하게 된다. 마치 빌리처럼 말이다. 극 중에서 빌리가 자신에 대한 고민을 숙고하게 되고 그 경험을 바탕으로 자연스럽게 작가의 꿈을 키우게 된 것도 이런 이민 1.5세대의 고충을 표현하고자 했던 감독의 의도로 해석된다.

부모를 따라 이민을 떠난 한국계 최초의 '마이클프린츠상' 수상 작가인 안나(An Na)는 2012년 한국 방문 당시 언론과 인터뷰에서 자신의 정체성에 대한 고민을 털어놓은 적이 있다. 1972년 주문진에서 태어난 안나는 4살 때 부모를 따라 미국으로 이민을 와 낯선 캘리포니아 샌디에이고의 백인 사회에서 차별과 소외에 시달렸다. 이런 작가에게 마이클프린츠상을 안겨준 첫 작품『천국에서 한 걸음』은 이민 1.5세대 영주의 가슴 시린 미국 정착기다. 미국을 천국이라고 믿던 영주는 막상 미국 사회에서 경제적 궁핍과 문화적 갈등, 가족의 위기를 겪게 된다. 이 소설은 20개 언어로 번역돼 세계적으로도 커다란 관심을 불러일으켰다. 서울신문 보도에 따르면 안나는 "미국에선 미국인답지 못하고 한국에 와도 한국어가 서툴러 한국인 같지 않다"며 "이곳이 좋긴 하지만 관광하고 있다는 느낌이 들어 슬프기도 하다"고 고백했다.

한국 사회와 다문화가족, 함께하는 변화

최근 K-팝을 비롯한 한국 문화가 전 세계적으로 주목받으면서 해외에 거주하는 한인 이민 가족들에게도 눈에 띄는 변화가 나타나고 있다. 세대마다 약간의 차이는 있지만 공통적으로 한인 부모와 자녀들이 한국어 교육에 큰 가치를 두고 있다는 점이다. 1~1.5세대 한인 부모는 자녀에게 한국어를 가르치는 것을 중요하게 여기고 2세대 역시 한국어를 배우려는 의지를 보인다. 언어는 다민족·다문화 사회에서 민족의 정체성을 지키는 강력한 뿌리가 된다. 이는 단순히 말과 글을 배우는 것을 넘어 자존감과도 깊이 연결되는 요인이다. 자신의 뿌리를 알고 정체성을 확립한 사람들은 보다 당당하게 사회의 일원으로 살아갈 수 있는 힘을 가지게 된다.

과거의 한인 이민자들이 그랬듯 지금은 새로운 삶의 터전으로 한국을 찾은 외국인들도 각자의 정체성과 뿌리를 지키며 삶을 꾸려나가고 있다. 대한민국도 본격적으로 다민족·다문화사회로 접어들면서 다문화가족들이 자국의 문화를 유지하려는 노력을 이어가고 있다.

이에 발맞춰 한국 사회도 한국어와 역사교육을 통해 한국의 뿌리를 알리고 정체성을 부여하는 노력을 지속해야 한다. 더 나아가 다문화 1.5세대를 위한 군 입대 전 교육, 병영문화 체험 기회 제공, 미등록 이주아동에 대한 실태 조사와 지원 강화 등 구체적인 정책 마련도 필요하다.

'2021년 전국 다문화가족 실태 조사' 결과에 따르면 다문화가족 자녀가 청소년(만 9살~만 24살)인 비율은 43.9%다. 다문화가족 부부 약 4명 중 한 명(26.7%)은 부부 간 갈등 이유로

'자녀 양육'을 꼽는다. 그만큼 다문화가족에게 자녀 양육은 중요하면서 어려운 관심사다. 만 5살 이하 자녀가 있는 다문화가족 가운데 73.7%는 자녀 양육이 어렵다고 응답할 정도다. 만 6살부터 만 24살 자녀를 둔 다문화가족 10가구 가운데 9가구꼴(88.1%)로 자녀 양육이 어렵다고 응답했다. 가장 큰 어려움으로 꼽히는 건 한국어 지도(26.8%)다. 여전히 한국어가 익숙하지 않은 다문화가정의 부모로부터 언어교육을 받기 어려운 탓이다. 결혼이민자는 상대적으로 언어 소통이 어렵고 입시 정보가 부족한 탓에 자녀 교육에 어려움을 더 많이 겪는다고 한다.

정체성을 넘어, 다문화가족을 위한 지원

　　여성가족부는 다문화 아동·청소년이 다문화가족으로서의 강점을 살려 국제적 인재로 성장할 수 있도록 전국 가족센터에서 이중언어 학습 지원 정책을 실행 중이다. 2014년부터 다문화가족의 영유아기 자녀들이 모국어가 다른 엄마·아빠 나라의 언어를 자연스럽게 배우고, 이중언어 역량을 키울 수 있도록 '이중언어 가족 환경 조성 사업'을 시행 중이다. 이중언어 교육은 다양한 인종, 문화가 공존하는 다문화사회에서 두 가지 이상의 언어를 구사하는 것을 문화적 강점으로 인식하고, 가정, 학교, 사회가 교육을 통해 언어능력을 길러주는 것을 의미한다.

2023년부터는 이중언어 직접 교육을 선호하는 다문화 가족들의 수요를 반영해 만 12세 이하 다문화 아동·청소년을 대상으로 수준별 맞춤형 이중언어 교실을 운영하고, 전국에 산재한 지원센터에서 결혼이민자 등을 대상으로 이중언어 강사도 배치했다. 이중언어 교육에 활용할 수 있는 교수법, 수업 지도안 등을 담은 '이중언어 교실 운영 지침(가이드)' 등도 마련했다. 이와 함께 전국 지방자치단체에는 다양한 이중언어 대회를 열어 이민 1.5세대와 2세대가 모국과 더불어 현재 살고 있는 대한민국의 문화와 언어를 함께 이해해 각자의 정체성을 확립하고 나아가 그들만의 경쟁력을 갖도록 돕고 있다.

언어 경쟁력을 갖추는 것만으로도 큰 힘이 될 것은 분명하다. 하지만 우리에게 언어가 기본이듯, 다문화가정 내 자녀들에게도 언어는 필수이자 기본에 불과하다. 그 뒤로 충분한 교육이 이뤄져야만 다문화가족 자녀들도 원만하게 한국 사회에 적응하며 당당한 사회 구성원으로서의 역할을 소화하게 될 것이다. 하지만 아직까지 다문화가족 자녀가 의무교육 후 대학 진학 등 고등교육기관에 취학하는 비중은 40.5%(2021년 기준)에 불과하다. 다문화가족 자녀 두 명 중 한 명도 의무교육 이상의 고등교육을 받지 못하는 셈이다. 전체 국민의 고등교육기관 취학률이 71.5%인 것과 확연한 차이다. 다문화가정

자녀의 교육 수준이 낮고, 이들의 대학 이상 취학률이 한국 평균에 비해 현저히 떨어진다는 사실은 이들을 소외시키는 사회적 구조가 여전히 존재함을 보여준다.

　다문화가족의 미래는 그 가족의 자녀들에게 달렸다. 영화 속 빌리처럼, 현실 속 안나처럼 정체성의 혼란을 겪는 1.5세대, 나아가 2세대를 바라보는 사회의 인식 전환이 필요하다. 우선 다문화 교육의 개선과 이주민에 대한 인식 전환이 앞서야 한다. 현재 다문화가족 지원 정책은 초기 정착 위주로 돼 있다. 앞으로는 다문화가족 자녀 세대에 대한 지원이 어떤 것이 필요한지 고민이 필요한 시점이다.

페어웰(The farewell)

개봉 2021
감독 룰루 왕
출연 빌리 ◦ 아콰피나
할머니 ◦ 자오 슈젠
아빠 ◦ 티지 마(Tzi Ma)
엄마 ◦ 다이애나 린(Diana Lin)
이모할머니 ◦ 홍 루
제작 레이 프로덕션스, 빅 비치,
뎁스 오브 필드, 킨드레드 스피릿

역지사지의 마음

- 윤제균 감독 -

　　영화 〈국제시장〉은 한국 현대사의 주요 사건을 배경으로 한 가족 드라마다. 주인공 덕수의 삶을 통해 한 세대의 희생과 헌신을 조명한다. 이 영화를 다문화적 관점에서 해석한다면 "우리도 한때는 이주노동자였다"라는 메시지를 던지면서 피부색, 민족정체성 등 다양한 다문화 어젠다를 제시한다고 볼 수 있다. 주인공 덕수의 독일에서의 체류, 베트남에서의 근무 경험 등은 단일민족이라는 우리의 정체성에 새로운 관점을 제시한다. 덕수의 다문화 경험은 자신뿐 아니라 영화를 보는 관객들에게도 다문화가족이나 국제결혼 등 다문화 어젠다를 이해하는 데 중요한 틀을 제공한다.

　　〈국제시장〉의 메가폰을 잡은 윤제균 감독에게 다문화 관점에서 영화를 어떻게 해석해야 할지 들어봤다.

파독 광부로 독일에 간 황정민의 에피소드가 2025년 현재 다문화시대를 맞은 대한민국에 어떤 메시지가 될 수 있다고 생각하시나요?

크게 2가지의 메시지를 생각할 수 있겠습니다. 첫 번째는 역지사지(易地思之)의 마음입니다. 지금은 경제적으로 발전한 우리나라에 많은 외국인, 이주노동자들이 돈을 벌기 위해 들어와 있습니다. 동남아, 중국인, 러시아인 등 국가도 다양하죠. 우리는 무의식적으로 그들을 보며 경제적 우월감에 빠져 있는 경우도 있겠죠. 하지만 역지사지의 마음으로 뒤돌아볼까요. 불과 반세기 전만 하더라도 지금 한국에 돈을 벌러 들어와 있는 그들처럼 우리도 타국에 가서 돈을 벌어야 했던 시대가 있었습니다. 지금의 MZ 세대들은 이해하기 어렵겠지만 바로 위 세대는 우리나라에서 돈을 벌기 어려워 타국에서 돈을 벌어 조국의 가족들을 부양하는 시대가 있었다는 거죠. 우리는 이러한 역사적 사실을 잊지 말고, 우리가 돈을 벌기 위해 타국에 갔을 때 그들이 우리를 차별하고 무시한다면 그 심정이 어떨지 역지사지해볼 필요가 있습니다.

두 번째는 시대의 흐름을 인정해야 한다는 것입니다. 지금의 4050들은 학교 다닐 때 귀가 닳도록 들은 말이 있습니다. 바로 '한민족', '단일민족', '백의의 민족' 등이죠. 우리나라는 단일민족이라고 강조하죠. 그리고 이것에 자부심을 가져야 한다는 교육을 받았습니다. 다시 한번 돌이켜보면 지금 같은 글로벌시대에 단일민족이 그 어떤 이득이나 이점이 있는지 냉정히 생각해봐야 하지 않을까요? 세계는 이미 국경의 의미와 민족의 의미가 희석되어가는 인터넷시대, 글로벌시대 입니다. 그런 세계적인 시대의 흐름을 우리는 역행하지 않는가에 대해서도 다시 한번 고찰해야 되지 않을까 생각합니다.

주인공 덕수의 파독 광부의 경험은 바로 우리가 겪고 있는 경험과 연결됐다고 보는데 그 의도가 무엇이었나요?

지금 우리나라는 여러 분야에서 공과 과가 있습니다. 다만 확실하게 누구도 부정할 수 없는 건 예전에 비해 경제적으로 풍요로워졌다는 거죠. 보릿고개라는 말처럼 굶어 죽는 사람이 있던 시절이 바로 얼마 전입니다. 그래서 지금의 현실만으로도 때로 감사하는 마음을 가져야 한다고 생각합니다. 경제적인 발전에는 우리의 조부모, 부모님 세대의 헌신이 크게 작용했을 겁니다. 이전 세대의 헌신은 머나먼 타국 땅에서도 이어졌고, 그들의 헌신이 우리가 눈부신 발전을 하는 계기가 되었음을 부정하지 못할 겁니다. 지금 이 땅에 살고 있는 다문화가족과 외국인노동자들도 우리의 조부모, 부모님과 똑같은 입장이라는 것을 이해한다면 차별과 편견이 조금은 덜어지지 않을까요?

다문화 관련된 편견, 예를 들어 피부색, 인종, 경제문제 등을 극복하는 해법이 무엇이라고 생각하시나요?

외국인, 이주노동자들, 그리고 한국인과 결혼한 수많은 외국인들을 바라볼 때 단순히 그 사람만 생각하지 말고, 그 사람들의 가족들을 생각해봤으면 좋겠어요. 그리고 역지사지의 마음으로 반세기 전 머나먼 타국에서 땀 흘려 돈을 벌어 고국의 가족들을 부양한 우리의 부모님, 할아버지, 할머니 세대를 생각해본다면 그들을 경시하거나 차별하는 마음은 조금은 없어지지 않을까요?

혹 영화의 특정 장면을 통해 관객들에게 전달하고자 한 다문화 관련 메시지는 무엇이 있을까요?

대사 중 외국인노동자를 무시하는 한국의 고등학생들에게 그 외국인이 하는 말이 있습니다. "부산에서 살면 부산 사람이다! 한국에서 살면 한국 사람이고!" 이 말이 틀린 말이 있을까요? 뉴욕에서 살면 어느 도시 사람일까요? 뉴욕 사람이겠죠. 미국에서 태어나 일하고 미국말을 하면서 미국을 위해 세금을 내고 살면 그 사람들은 미국인이라고 봐야죠. 중요한 것은 이 땅에서 살며, 이 땅에서 일하고, 한국말을 하고, 한국에 세금을 내는 다문화사람들을 우리와 다름이 없는 이웃으로 바라보는 우리의 따뜻한 시선이지 않을까 싶습니다.

외국인이 말하는 부산 사투리, 어떤 의미인지 다시 한번 설명해주실 수 있나요?

그만큼 부산에 오래 살았고, 그만큼 부산 사람화(化)되었고, 그만큼 부산 문화에 익숙한 인물을 표현하고 싶었습니다. 부산에 살면서 부산 사투리도 쓰지 못하고 부산 문화에 익숙해지지 않는다면 누가 부산 사람이라고 생각할까요? 이 외국인 인물을 통해서 어떤 지방, 어떤 나라에 살든 그 지방과 그 나라의 언어와 문화를 몸에 익힌 사람이면 그 지방, 그 나라 사람으로 인정을 받을 수 있지 않을까 하는 기대가 있었습니다. 왜냐하면 부산 사람인 저도 그렇게 생각하니까요.

〈국제시장〉이 다문화국가로 나아가는 대한민국에 주는 메시지는 뭘까요?

아무래도 너무 직접적으로 메시지를 주는 방식은 선호하지 않습니다. 관객이 가장 자연스럽게 받아들일 수 있도록 하는 게 핵심이었죠. 그래서 현재 시대에 우리가 저지르는 과오를 보여주는 게 어떨까 생각했습니다. 주인공 덕수가 곤경에 처한 외국인노동자를 보다가 오히려 한국의 고등학생들과 다투는 모습에서 관객들의 궁금증을 자아내게 하려 했습니다. 덕수의 젊은 시절, 머나먼 타국에서 당했던 똑같은 차별의 모습을 보여주면서 최대한 자연스럽고 교조적이지 않게 역지사지의 마음을 가지게 하는 방식을 택했죠.

최근 다문화에 대한 관심이 높아졌는데 영화라는 콘텐츠로
제시할 수 있는 방향이 있을까요?

〈국제시장〉 개봉 당시 초등학교 5학년 아들이 저에게 물
었죠. "저게 진짜예요? 우리나라가 저렇게 못살았어요? 우리
나라 사람들이 돈을 벌기 위해 외국에서 저렇게 힘든 일을 했
나요?" 전 이 질문을 받고 이 영화를 통해 제가 전하고자 했
던 메시지가 절반은 성공했다고 생각했어요. 제 아들과 같은
생각을 많은 어린 친구들이 했을 겁니다. 그 이후 제 아들은
다문화가족이나 외국인, 이주노동자들을 바라보는 시각이 많
이 바뀌었다고 하더라고요. 영화를 통해 그들의 부모님, 또는
할아버지 할머니 세대가 지금 한국에 들어와 있는 다문화 사
람들과 다르지 않았다는 것을 알았기 때문이 아닐까요.

앞으로도 다문화 관련된 콘텐츠가 많이 나올 것 같은데, 어떤
방향성이 좋을까요?

아무래도 피부색이나 인종, 국가에 대한 선입견에 대해
많은 인식의 변화가 있어야 하지 않을까 생각합니다. 예를 들
어 백인에 대한 시각과 동남아인들에 대한 시각이 다르겠죠.
또 같은 백인이라도 서구와 동구에 대한 선입견이 존재하겠

죠. 선진국 국민과 경제적으로 넉넉지 않은 국가의 국민들에 대한 차별적 시선을 이제 거두어야 할 시대가 오지 않았나 생각합니다. 우리는 현재 단일민족의 시대에서 다문화와 다인종을 받아들이고 포용하는 다문화국가의 흐름 속에 살고 있기 때문이죠.

〈국제시장〉을 다문화의 관점에서 다시 본다면, 어떤 감상 포인트가 있을까요?

'우리도 그들처럼 그랬다'입니다. 지금 이 땅에서 다문화가정의 사람들과 외국인노동자들의 모습은 전혀 딴 나라 사람들의, 그들만의 문제가 아니라고 생각합니다. '우리도 그들처럼 타국의 땅에서 수많은 차별과 핍박을 받으며 살았다'는 사실을 보여주면서 지금 우리나라에서 벌어지고 있는 다문화가정과 외국인노동자들에 대한 차별과 선입견을 조금이라도 없애는 데 〈국제시장〉이 작은 보탬이 되기를 바랍니다.

4부

무질서 혹은 타질서,

다양성의 공간

범죄도시

"여기서 나가면 내가 니 자식들 다 죽인다."

영화 〈범죄도시〉에서 잔인무도한 중국인 조폭 장첸(윤계상)이 경찰에 체포돼 취조를 받을 때 한 대사다. 경찰도 무서워하지 않는, 거침을 모르는 그의 잔혹함을 잘 드러낸 이 대사로 극 중 장첸의 냉혈함이 전해진다. 그 군더더기 없는 말투에 뒤로 길게 땋은 헤어스타일, 세상 풍파를 견뎌낸 거뭇거뭇한 피부색 등이 서로 어우러져 영화 내내 장첸이라는 캐릭터에 공포스러운 이미지를 심어준다.

2017년 10월 3일에 개봉한 한국 영화, 〈범죄도시〉 시리즈 1편은 2004년 서울시 구로구 가리봉동의 차이나타운을 배경으로 강력계 형사 마석도(마동석)를 비롯한 형사들이 조선족 범죄 조직을 소탕하는 이야기를 그렸다. 2004년 '왕건이파'로 활동했던 14명의 중국 조선족을 살인미수 혐의로 구속한 사건과 2007년 가리봉동 일대 차이나타운을 거점으로 조직된 연변 조직 '흑사파' 7명을 구속하고 25명을 불구속 입건한 사건 등 실제 사건을 모티브로 각색했다.

장첸은 잔혹한 수법으로 한국 내 폭력 조직을 점령하며 금전을 갈취하고 세력을 확장해 도시를 공포로 몰아넣는다. 그 과정에서 장첸과 그의 부하들은 극악무도한 범죄를 저지르며 경찰과 시민 모두를 위협하는데, 이러한 상황에 맞서 마석도를 비롯한 금천경찰서 강력반은 범죄 조직을 뿌리 뽑기 위해 필사적인 수사를 펼친다. 마석도는 치밀한 추적과 격렬한 대결 끝에 장첸을 궁지로 몰아넣고, 체포하기 위해 그의 숨겨진 아지트까지 파헤치며 극적인 클라이맥스를 만들어낸다. 영

174

화는 마석도가 장첸을 체포해가는 과정을 빠르고 실감 나는 묘사로 풀면서 긴장감 넘치는 전개와 마동석 특유의 통쾌한 액션을 더해 관객들에게 큰 인상을 남겼다는 평을 받으며 대한민국을 대표하는 액션 시리즈물로 흥행을 이어가고 있다.

하지만 극 중 외국인, 특히 중국인에 대한 부정적인 인식이 꽤나 '사실적'으로 묘사된 탓에 영화 관람객 사이에서 외국인에 대한 두려움과 불신을 조장할 수 있다는 우려가 높다. 영화에 나오는 외국인 범죄가 과도한 공포를 일으켜 외국인 전체에 대한 부정적인 인식으로 연결될 가능성을 무시할 수 없기 때문이다. 더 나아가 이러한 일부 편견이 대한민국이 마주한 다문화사회로의 행보에 대한 부정적 인식을 강화하는 장애물이 될 수 있으며, 외국인에 대한 차별적·부정적 선입견을 심화시킬 우려도 있다.

폭력적인 묘사로 가중시킨 외국인에 대한 묘한 선입견

실제로 영화의 배경이 된 2000년대 초반 중국에서는 리펑 총리의 차량을 조폭 두목이 추월해 앞지른 탓에 중국 관료가 분노했고 군대까지 동원해 조폭을 소탕한 사건이 있었다. 이때 하얼빈, 선양, 연변 지역의 조선족 조직폭력배들이 도주해 한국으로 숨어들었고 조선족 밀집 거주지역에서 조직 폭력배 간 패권 다툼이 시도 때도 없이 벌어지기도 했다.

'범죄도시'라는 제목처럼 영화는 제법 강렬한 장면으로 이어진다. 영화 〈배트맨〉의 고담 시티처럼 〈범죄도시〉 속 도시의 모습은 암울하기 짝이 없다. 어두운 골목에서 느껴지는 음침함이 가로등으로 환하게 밝혀진 대로까지 스며들어, 도시 전체에 침범한 폭력의 기운이 그대로 드러난다. 폭력으로 묘사된 대한민국, 어느 도시의 중심에는 외국인 범죄 조직이 있다. 이런 묘사 때문에 영화가 촬영된 주요 장소인 서울의 몇몇 동네는 편견의 희생양이 됐다. 영화 속 잔혹함이 중국인 범죄 조직의 등장에 맞춰 시작됨에 따라 중국인 거주 비율이 높은 동네의 이미지에 악영향을 줬다.

'사실적'이라는 말로 영화를 평가하기도 한다. 그 표현에

는 현실을 더하거나 덜하지 않고, 사실과 가깝게 영화 속 장면을 연출했다는 의미가 들어 있다. 〈범죄도시〉는 개봉 전 이 영화가 실화를 바탕으로 강력 범죄를 '사실적'으로 표현했음을 알리며 대중이 가진 호기심을 자극하고 외국인, 그것도 중국이라는 특정 외국인이 저지른 범죄에 대한 불편한 공포를 마케팅에 이용했다. 결국 실화를 모티브로 '사실적'으로 묘사했다는 설명은 관객으로 하여금 영화와 실제의 경계를 희미하게 만들었고, 결론적으로 영화의 배경이 된 지역이 가진 짙은 편견을 자극하는 요소를 포함하게 됐다.

　　동일한 조건 내에서 외국인이 내국인에 비해 범죄를 일으킬 확률이나 사건의 비율이 높다는 근거는 전혀 없다고 주장해도 무리가 없을 정도로 미약하다. 하지만 유독 외국인이 저지른 범죄 사건이 등장할 때 몇몇 언론 보도는 프레임을 만들고 혐오와 편견을 조장한다는 주장에서 자유롭지 않아 보인다. '중국인 남자 2명, 불법 촬영물로 또래 협박', '중국인 2명이 흉기 들고… 고시텔에서 벌어진 사건' 등 범죄를 저지른 외국인의 국가를 특정하는 게 그 대표적인 예다. 외국인 남자, 외국인 2명으로 표현해도 될 사안을 굳이 중국인이라는 단어로 대중의 시선을 자극하고 성급한 일반화를 부추긴다.

수치로 말하는 괜찮은 이웃의 평범한 오늘

영화를 비롯 여러 콘텐츠에서 보여주는 것처럼 국내 거주 외국인 범죄율은 공포를 느낄 정도일까? 국가통계포털에 따르면 2023년 기준 불구속된 외국인 피의자는 3만 1,569명, 구속된 외국인 피의자는 3만 3,052명으로 나타났다. 또 e-나라지표에 따르면 죄종별 외국인 범죄 현황은 2020년 3만 5,390명, 2021년 2만 9,450명, 2022년 3만 954명, 2023년 3만 2,737명으로 나타났다. 이는 하루가 다르게 이주노동자, 외국인 여행객이 느는 수치와 비교하면 완만한 추이로 해석된다. 경찰청은 이에 대해 '전 세계적인 코로나19 유행 이후 단계적 방역 조치 완화, 무사증입국 재개 등 일상 회복 흐름에 따라 2022년 장·단기체류 외국인은 224만 5,912명으로 전년 대비 114.8% 증가했고, 체류 외국인의 증가와 함께 불법체류 외국인도 2022년 기준 41만 1,270명으로 전년 대비 14.8%가 증가했다'고 평가했다. 체류 외국인의 증가로 2022년도 국내 체류 외국인 피의자는 3만 954명으로, 2021년(2만 9,450명) 대비 약 5.1% 증가한 수치다. 범죄 유형별로는 폭력 범죄(21.7%) 〉 교통 범죄(21.2%) 〉 지능 범죄(13.5%) 〉 마약류 범죄(5.4%) 순이다.

KBS는 2023년 6월 보도에서 외국인과 내국인의 범죄 비율을 전수조사해서 만든 귀중한 자료를 남겼다. 이 보도를 인용해본다. 보도의 제목은 '외국인이 내국인보다 범죄를 많이 저지를까? [팩트체크K]'이다. 경찰청이 매년 취합하는 '범죄 통계'와 대검찰청이 발간하는 '검찰 연감' 자료를 통해 교차 확인했다. 범죄 통계는 경찰이 '처리한 사건'을 집계한 것이고 검찰 연감은 검찰에 '접수된 사건'을 집계한 것이어서 수치가 서로 다르다. 하지만 전체적인 추이는 비슷하다.

2012년부터 2021년을 대상으로 분석했더니 전체 범죄자에서 외국인이 차지하는 비율은 2% 안팎으로 나타났다. 외국인 10만 명당 범죄자 검거 인원지수는 내국인의 절반 수준에 불과했다. 외국인이 내국인보다 범죄를 더 자주, 더 많이 저지른다는 인식과는 다른 결과다.

다만 외국인 밀집 지역의 경우 다른 결과가 나왔다. 총인구 대비 외국인 주민 비율이 10% 이상이면서 외국인 주민 수가 5만 명이 넘는 경기도 안산시와 시흥시, 서울시 구로구와

영등포구를 조사한 결과 외국인 5대 범죄 검거 비율은 경기도와 서울시 전체 평균보다 높게 나타났다. 관련 정보가 취합된 2018년부터 2021년까지 경기도의 전체 외국인 검거 비율은 평균 3.7%였지만 안산시 단원구는 12.7%, 시흥시는 6.3%였다. 서울은 전체 평균이 4% 수준이었는데 구로구가 14.8%, 영등포구는 11.5%였다. 이들 지역이 지자체 내 타 지역보다 5대 범죄로 검거된 외국인 비율이 상대적으로 높았다는 말이다.

범죄 통계 기준은 범행 당시 국적을 기준으로 내·외국인 범죄 통계로 구분한다. 외국 국적의 국내 체류 외국인근로자, 외국인 유학생, 외국인 관광객이 범죄를 저지르는 경우 외국인 범죄 통계에 포함한다. 한국 국적의 결혼이민자(자녀), 북한 이탈자, 귀화 외국인 등도 범행 당시 국적에 따라 내·외국인 범죄 통계로 구분한다. 다만, 다문화 범죄 통계는 경찰청에서 별도로 관리하지는 않는다.

경찰청은 e-나라지표를 통해 외국인 범죄 예방에 대한 구체적인 로드맵이 있다고 밝혔다. 한국의 법질서나 문화에 익숙하지 않은 외국인들이 범죄에 노출되지 않도록 외국인의 특성을 반영한 범죄 예방 교육 및 범죄 피해 예방 요령, 범죄 피해 신고 방법, 외국인을 위한 치안서비스 등 범죄 예방 교육이나 외국인근로자, 결혼이주여성, 외국인 유학생 등이 국내 생활 정착에 필수적인 운전면허를 취득하는 데 도움을 주기 위해 운전면허 필기시험(1차) 관련 내용의 운전면허 교육 등이다. 또 체류 외국인들로 자율방범대를 조직, 치안상황관리관실(지역 경찰) 및 여성·청소년 관련 과와 협업해 범죄 예방 순찰 활동을 실시하고, 결혼이주자, 외국인 유학생 등 체류 외국인들로 치안봉사단도 조직해 외사 정책 홍보 및 법질서 준수 캠페인 등의 활동 계획을 꾸렸다. 또 외국인이 쉽게 이용할 수 있도록 다문화가족지원센터, 종교단체, NGO 등을 '외국인 도움센터'로 지정하고 도움센터를 방문한 외국인들이 상담한 범죄 및 민원 내용을 처리하거나 관계기관에 통보하는 체계도 갖췄다.

2011년부터 2017년 기준으로 국내 범죄자 수에서 외국인이 차지하는 비율이 적게는 1.3%, 많게는 2.4% 수준으로 평균 2% 안팎이다. 인구 대비로 봐도 내국인의 절반 수준이다. 다만 외국인 범죄자의 살인·강도 비율과 외국인 밀집 지역에서 5대 범죄 비율이 상대적으로 높은 경향을 보이고 불법체류 외국인의 마약범죄가 눈에 띄게 늘어나고 있다는 게 경계할 만하다. 특히 지난 2023년 외국인 마약사범이 사상 처음으로 2,000명을 돌파했다. 외국인 마약사범은 4년 사이 2배 넘게 증가했고 전체 외국인 범죄에서 마약범죄 비중도 3배 가까이 늘었다. 또 하나 국적별 외국인 피의자 현황(2024년 박준태 국민의힘 의원실 발표)을 살펴보면 중국 국적 피의자가 2023년 47%로, 전체 외국인 피의자의 절반가량을 차지했다. 다만 2019년 1만 9,382명이던 중국 국적 피의자는 2023년 1만 5,403명으로 20% 줄었다. 같은 기간 베트남 국적 피의자는 37% 증가한 3,332명으로 중국에 이어 2위를 기록했다. 2019년 2위였던 태국 국적 피의자는 36%(2,527명) 감소하면서 3위로 내려섰다. 이에 따라 마약 등 일부 범죄에 대해 집중 단속이 필요하다는 지적이 나온다.

여전히 콘텐츠 속에서 묘사되는 재중동포, 중국동포, 조선족에 대한 시선은 차갑다. 마치 놀이처럼 죄의식 없이 살인을 쉽게 저지르거나(영화 〈신세계〉), 마약을 국내에 유통시키기 위해 살인과 같은 강력범죄도 서슴지 않는(영화 〈독전〉) 등 인간성을 잃은 인물이나 상황의 중심으로 묘사될 때가 많다.

내국인에 비해 '소수'라고 해도 살인, 마약 등의 강력범죄가 이들을 통해 발생하는 모습이 콘텐츠를 통해 자주 보이고 소비될수록 국민이 느끼는 불안감은 커질 수 있다.

비슷한 모습만큼이나 오랜 인연을 가진 우리

한민족의 해외 이주 역사는 재중동포의 중국 이주 역사와 그 시작을 함께한다고 해도 과언이 아닐 정도로 관계가 매우 밀접하다. 19세기 중엽 조선의 쇠퇴와 열강의 압력으로 고난에 처한 이들이 중국의 간도나 만주로 이주한 것이 우리 역사에서 대규모 해외 이주가 이뤄진 도화선 중 하나로 꼽힌다. 당시 간도나 만주 이주민은 국권 회복을 위해 독립운동에 나섰던 열사나 그 후손들도 대거 있었다. 이들은 1949년 제2차 세계대전 종전 이후에도 귀국하지 못했고 이후 중국의 다민족 정책과 맞물려 조선족이라는 이름의 중국인으로 자리 잡았다. 비록 역사의 아픔을 이유로 먼 곳으로 떠나야 했지만 그 시작을 살피면 우리와 한 겨레이자 이웃이다.

그럼에도 불구하고 재중동포에 대한 대중의 시각은 재미동포 등 다른 국가의 한국계를 대하는 것보다 차갑다. 재중동포에게 중국과 한국이 축구 시합을 하면 어느 국가를 응원할 것이냐 묻는다는 농담 섞인 1차원적 편가르기도 종종 등장한다. 포털사이트 댓글에는 한국의 우울한 상황을 묘사한 기사나 극단 정치 충돌을 담은 기사에 이른바 한국말 하는 외국인, 다시 말해 재중동포의 악성 댓글이 있을 것이라고 의심하기도 한다.

재중동포는 한국 이주 이후에도 이방인으로 폄훼받으며 차별적 대우와 인간적 불평등에 처한다. 가끔 신문 기사를 통해 '조선족 이모' 등으로 표현되는 게 편견과 차별적 단어라는 지적을 받을 정도다. 역설적으로 대한민국 원주민이 가진 재중동포에 대한 불친절한 시각이 깊어질수록 재중동포는 스스로 한국인이라 생각하기보다 중국의 소수민족인 조선족이라는 정체성을 강화할 것이다. 이렇게 재중동포는 한국에서 경제적·신체적 자유를 얻지만, 대한민국 원주민과 통합·융합되려는 경향보다 집단화되고 세력화되는 경향을 가진다. 그 반증으로 2007년 방문취업 사증과 재외동포 사증이 허용되면서 수도권 내에 특정 지역에 집단 거주지가 생겼다. 재중동포가 집단화하면서 그 지역을 중심으로 한 사업 혹은 기업도 활성화됐다.

작은 '다름' 대신 따스한 시선으로 보는 많은 '같음'

재중동포 거주지는 2000년대 초반만 해도 공장이 밀집한 서울의 구로동과 가리봉동, 대림동 일대였다. 이후 인구가 꾸준히 늘어나고 지역 재개발 바람이 불면서 서울의 다른 지역으로 확산하기 시작해, 일각에서는 지하철 2호선을 타고 서울을 동쪽으로 돌아 신림, 봉천, 서울대입구역을 거쳐 4~5년 전부터는 건대입구역과 신설동역 등지로 팽창하고 있다고 보고 있다. 최근에는 동작구 사당 지역도 재중동포의 거주가 활발해지는 추세다.

재중동포의 집단 거주지는 한글과 한문이 섞인 간판을 달고 한자로 된 메뉴판을 내놓고, 중국식 붉은색 등으로 장식돼 있다. 이곳 종업원은 틀림없이 '조선족 이모'이고, 대다수 손님은 중국어를 간간이 섞어가며 북한 억양과도 닮은 연변 말투를 구사한다. 결국 재중동포의 집단 거주지역은 대한민국의 문화와 분절되고 경계화되면서 자칫 사회갈등을 부추기지 않을까 염려하는 목소리도 높아졌다. 대한민국 문화와 동화, 융화, 통합보다는 분리되어 차별화가 진행되는 중이다.

재중동포에 대한 편견은 콘텐츠에 고스란히 녹아든다. 그에 대한 지적이 지난 2017년에도 불거졌다. 서울 대림동의 조선족 범죄 조직을 다뤘던 코미디 영화 〈청년경찰〉이 구설에 올랐다. 당시 법원은 영화 속 조선족의 모습이 중국동포들에게 불편함과 소외감을 유발했을 수 있다면서, 영화사 측에 사과를 권고했다. 〈청년경찰〉은 강도·납치부터 장기 밀매에 난자 적출까지, 특정 지역이 온갖 강력범죄의 소굴로 그려진다. 이 영화가 관객 560만을 넘기는 흥행 가도를 달리자 중국동포

62명이 영화 제작사를 상대로 손해배상청구소송을 냈다. 이들은 자녀들이 학교에서 따돌림을 당하고 식당 매출이 급감하는가 하면 취업길도 막혔다고 주장했다.

1심은 '표현의 자유'라며 영화사의 손을 들어줬지만, 2심은 제작사에 사과와 재발 방지를 약속하라며 화해권고 결정을 내렸다. 표현과 언론의 자유를 제1의 가치로 삼는 미국과는 다소 다른 판단이라고 할 수 있다. 일각에서는 예술 작품 속 이른바 '혐오' 표현에 법률적 책임을 인정한 첫 사례라는 데 의미를 둔다.

외국인 범죄를 극적으로 묘사한 콘텐츠가 반복 소비되는 탓에 생기는 외국인을 향한 근거 없는 공포가 사회 전반적 '포비아'로 확장되는 흐름은 막아야 한다. 국내 체류 이주노동자 등 외국인에게 우리 법체계와 문화적 특성을 알리고 내국인 역시 외국인 차별하고 무시하는 선입견을 버려야 한다. 콘텐츠 제작사 역시 대중 마음속 깊이 뿌리내릴 수 있는 반감을 줄이는 데 노력해야 한다. 외국인을 차별적으로 묘사하거나 외국인에 대한 혐오적 표현에 대해서 자체적으로 점검하고 자정 노력도 필요하다.

재중동포의 정체성 형성에는 우리 정부와 중국 당국의 다양한 정책 목표가 제시돼야 한다. 재중동포의 집단 거주 등에 우리 정부가 별다른 논의나 제재를 두지 않은 이유는 자유

민주주의 시장경제에 입각해 부당한 조치를 취하지 않는 것이 원칙이기 때문이다. 반면 중국 당국은 자신이 처한 입장에 따라 자국민 보호라는 이름 아래 일부 우리 정책에 민감하게 반응하고 있다. 또 한반도가 중국과 국경을 마주하고 있는 현실에 비춰본다면 재중동포의 분절동화 움직임은 앞으로도 심각하게 고민하고 대책을 세울 필요가 있다.

범죄도시(The outlaws)

개봉 2017
감독 강윤성
출연 마석도 ∘ 마동석
장첸 ∘ 윤계상
장이수 ∘ 박지환
독사 ∘ 허성태
제작 홍필름, 비에이엔터테인먼트

나의 아름다운 세탁소

"왜 저 파키스탄과 일하지?"
"이건 일이야."

영화 〈나의 아름다운 세탁소〉의 한 장면. 오마르(고든 와네크·Gordon Warnecke)의 아버지는 고국인 파키스탄에서는 좌파 지식인이자 저널리스트로 명망을 가진 인사였으나 영국 사회에서는 적응하지 못하고 갈등하는 이상주의자로 그려진다. 문화적 충격을 감당하지 못한 아내가 열차에 뛰어들어 자살한 이후로는 알코올중독자가 되어 거의 침대에 누워 지내는 신세가 되었다. 여기에 부유한 삼촌 나세르(새드 제프리·Saeed Jaffrey)가 낡은 세탁소의 관리인으로 오마르를 고용하면서 그들 부자의 삶에 새로운 갈등 요인이 끼어든다. 성공을 위해서라면 수단과 방법을 가리지 않는, 그리하여 영국 사회에서 자리 잡은 사업가가 된 삼촌과 교육으로 노동계급의 현실을 바꿀 수 있다고 믿지만 정작 현실에서는 무능하기만 한 아버지 사이에서 오마르는 삼촌이 밟았던 길을 선택한다.

삼촌이 경영하는 세탁소의 관리인으로 일하게 된 오마르. 성실하게 제 역할을 하는 오마르를 보고 나세르는 우범지역에 자리한 세탁소를 맡기게 되고, 여기서 오마르는 인종차별주의자 집단인 '민족전선'의 갱들을 만난다. 그 무리 가운데는 오마르의 어린 시절 친구인 조니(다니엘 데이 루이스·Daniel Day Lewis)도 끼어 있었고, 재회한 둘은 삼촌의 세탁소에서 함께 일하며 연인 관계로까지 발전한다.

나세르와 그의 정부인 백인 여자 레이첼(셜리 앤 필드·Shirley Anne Field)은 새 단장한 세탁소 '파우더'의 개업 기념 파티에 참석하고, 여기서 나세르는 오마르에게 자신의 딸 타냐(리타 울프·Rita Wolf)와 결혼하라고 한다. 혼란에 빠진 오마르는 그 제안에 동의하지만 그 때문에 조니와 오마르 사이는 잠시 소원해진다. 이후 나세르의 아들 샬림이 민족전선 갱들을 자동차로 들이받는 사건이 벌어지자 평소 파키스탄인들을 '파키스'라고 부르며 증오했던 갱들은 나세르를 향한 복수를 계획한다.

한편, 자신의 성적·지적인 독립에 대한 열망을 지지해주지 않는 아버지에게 실망하고, 오마르와 조니에게도 환멸을 느낀 타냐가 어디론가 사라져버리자 나세르는 위안을 얻고자 오마르의 아버지를 찾아간다. 복수심에 불타는 갱들은 세탁소 사업 확장을 계획하던 샬림과 오마르, 그리고 조니를 습격해 한바탕 싸움을 벌인 뒤 흩어지고, 오마르와 조니는 세탁소에서 서로를 위로하며 서로를 향한 애정을 확인한다.

갈등의 중심에서 다문화의 가능성을 말하다

〈나의 아름다운 세탁소〉는 1980년대 영국 런던 남부의 빈민가에서 살아가는 파키스탄 이주민의 삶을 통해 이주민과 원주민이 겪는 다문화 충돌을 그린 작품으로, 영국의 신생 방송사 채널4의 지원을 받아 영화관 상영이 아니라 텔레비전 방영을 목적으로 6주 만에 만들어졌다. 영국에서 1985년 제작되어 대본을 쓴 하니프 쿠레이시(Hanif Kureishi)는 뉴욕영화비평가상을 받았고, 아카데미 각본상 후보에 지명되기도 했다. 한국에서는 1996년 개봉했다.

영화는 당시 사회의 주류를 이뤘던 백인과 소수 중의 소수였던 파키스탄 이주민 2세를 주인공으로 내세웠다. 대처 총리 시대에 새롭게 성장한 파키스탄과 원주민 사이에 벌어지는 갈등과 충돌을 통해 자본적 성취를 이루는 과정에서 원주민이 겪은 위기감 등을 노출했다. 파키스탄 이주민은 런던 원주민의 주변에 머물지 않고 사회 일원으로, 집단 내부로 주체적으로 진입하는 모습도 보여줬다. 영화의 종반부, 외부의 위협

에 맞서 원주민과 손을 잡고 대항하는 설정은 한 국가와 사회에서 능동적으로 대처하는 다문화의 미래를 짐작케 했다.

영화의 배경이 되는 세탁소는 영국 영어로 'laundrette'다. 세탁소로 번역됐지만 다양한 인종·성별·연령의 사람이 모이는 공공장소의 성격이 강하다. 'laundrette'에는 동전을 넣으면 작동하는 자동 세탁기가 있고, 전자오락기·공중전화기·음향시설 등이 설치돼 있다고 한다. 이런 장소적 특성을 통해 영화는 1980년대 영국 대처 시대의 인종적·계급적 갈등을 원주민과 이주민의 일상 안으로 끌어들여 이야기를 전개하는 묘수를 내놨다.

결국 영화는 가장 영국적인 문화가 이주민으로 인해 변화하는 과정을 간접적으로 이야기한다. 주인공 오마르를 중심으로 그의 친구이자 동반자인 조니를 나란히 배치해 이야기의 당위성을 내재화한다. 백인 펑크족 조니는 오마르의 아주 어릴 적 친한 친구로, 삼촌 나세르가 오마르에게 맡긴 뒷골목의 구질구질한 세탁소에서 함께 일한다. 오마르는 아버지가 그토록 바라던 대학 졸업장으로도 유색인종의 한계를 돌파할 수 없다는 현실을 직시하고 "제 생각에는 더러운 짓을 해야 돈을 벌어요"라며 세탁소를 성공시키기 위해 마약을 훔치고, 가정집을 터는 등 범법 행위도 마다하지 않는다.

외국인 부동산 소유, 통계로 본 현실과 오해

실제로 이주민의 성장은 원주민에게 심리적 위협을 줄까? 2024년 11월 말 국토교통부는 외국인의 토지·주택 보유 통계(2024년 6월 기준)를 발표했다. 주택만 따진다면 외국인 9만 3,414명이 소유하고 있는 주택 수는 9만 5,058호다. 전체 주택 수인 1,955만 호의 0.49% 수준이다. 국적별로 보면 중국이 전체 주택 기준 5만 2,798가구(55.5%)로 가장 많은 비중을 차지했다. 이어 미국 2만 1,360가구(22.5%), 캐나다 6,225가구(6.5%) 순이었다. 지역별 외국인 소유 주택은 수도권에 6만 9,247가구(72.8%), 지방에 2만 5,811가구(27.2%)가 분포한 것으로 파악됐다. 시도별로는 경기 3만 6,755가구(38.7%), 서울 2만 3,085가구(24.3%), 인천 9,407가구(9.9%), 충남 5,741가구(6.0%), 부산 3,007가구(3.2%) 순으로 많았다.

'여보, 외국인이 옆집 샀대… 중국인 집주인 가장 많은 동네는' 등의 말이 현실과 닿지 않는 노골적인 편가르기처럼 보일 정도로 시군구별로는 경기 부천시가 4,844가구로 가장 많았고, 안산시도 4,581가구 정도다. 이어 수원 3,251가구, 시흥 2,924가구, 평택 2,804가구 순으로 외국인 집주인이 많았다. 또 외국인 국내 토지 보유 면적은 2014년~2015년 사이 높은 증가율을 보였으나, 2016년부터 증가 폭이 둔화된 후 현재까지 완만한 증가세를 유지하고 있다.

관련된 통계 조사를 알리는 기사의 제목은 대부분 이렇다. '중국인 한국 오면 집부터 산다', '토지는 미국, 주택은 중국', '외국인 소유 국내 토지·주택, 경기에 가장 많다' 등이다. '외국인 주택 보유, 10만 가구 육박… 중국 국적자 55%'라는 기사에 달린 아래와 같은 반응은 원주민이 받은 위협을 가늠케 한다. "외국인한테 집 살 때 대출이자 1%로 풀어준 나라", "외국인은 부동산 못 사게 해야 한다" 등 반발의 목소리가 대부분이다.

반발의 원인에는 실제 외국인 소유 주택에서 전세 사고가 연이어 난다는 현실도 있다. 국토교통부와 주택도시보증공사(HUG)가 엄태웅 국회의원실에 제출한 자료에 따르면 2021년부터 2024년 8월까지 3년간 외국인 집주인 전세 보증 사고는 52건으로 집계됐다. 금액은 123억 4,000만 원에 이르렀다. 이 중 절반가량인 64억 원은 HUG가 임차인에게 대위변제했다. 그러나 나머지 금액에 대해서는 임대인 직접 반환, 소송, 경매 등의 법적 절차가 진행 중이다. 중국인 소유로 추정되는 부동산에서 발생한 보증 사고는 전체의 40.4%인 21건이었다.

전세 사고가 끊이지 않는 가운데 외국인 소유의 주택에서도 같은 사례가 적지 않게 발생한 것으로 나타났다. 투기를 목적으로 한 외국인의 부동산 수요를 적절하게 차단해야 한다는 목소리가 커진다. 전문가들은 내국인과 달리 외국인들은 전세 사기를 한 뒤 본국이나 타국으로 도주할 가능성 크다는 점을 문제로 거론한다. 이렇게 되면 대위변제금 회수를 위한 채권 추심이 쉽지 않은 데다 경찰의 수사조차 어렵게 된다.

다문화 충돌, 위기와 변화의 두 얼굴

〈나의 아름다운 세탁소〉는 이런 막연한 위기감을 표면화했다. 이주민 중간계급과 원주민 하층계급 사이의 자본과 인종의 충돌은 0.49%에 불과한 외국인의 토지 주택 구입의 공포감과 다름없다. 이러다 중국인의 집에서 월세를 살 거라는 불편함, 이러다 토지와 아파트가 외국인의 자본에 넘어갈 거라는 불안감이다.

〈나의 아름다운 세탁소〉는 영화 〈나의 올드 오크〉와 반대 지점에서 다문화를 다룬다. 〈나의 올드 오크〉가 원주민이 이주민을 벽안시하는 게 시작이라면 〈나의 아름다운 세탁소〉는 아예 그 시작을 뛰어넘어 이주민이 원주민의 부를 뛰어넘는 설정으로 이어진다. 등장인물 중 가장 높은 계급은 파키스탄 이민자 삼촌이고, 삼촌의 정부는 '백인' 레이첼이다. 삼촌에게 세탁소를 받은 오마르는 고용주이고, 역시 '백인'인 조니는 그의 고용원이다. 더욱이 오마르와 조니는 피지배계급과 지배계급이라는 기존 관념과 달리 심적 동반자로 이어지는 파격적인 구도로 만들어진다.

외국인이 한국의 아파트를 소유한다는 소식에 발끈하는 시선과 달리 조니는 오히려 오마르를 통해 변화를 맞는다. 백인 펑크족이자 떠돌이 생활을 버리고 성실한 삶으로 복귀한다. 파키스탄 이주민의 밑에서 일하는 것도 개의치 않는다. 신분이나 계급, 타인종 혐오 등 사회적 통념도 크게 신경 쓰지 않는다. 조니의 진심은 오마르에게 그대로 전달된다. 영화가 진행하는 내내, 두 사람의 관계가 어떻게 변화할지 관객들에게 조바심 나게 그려낸 것도 감독의 의도일 터이다.

나의 아름다운 세탁소
(My beautiful laundrette)

개봉 1996
감독 스티븐 프리어스(Stephen Frears)
출연 나세르◦새드 제프리
파파◦로산 세스
조니◦다니엘 데이 루이스
오마르◦고든 워넥
제작 채널4필름, 워킹타이틀필름,
SAF프로덕션

컬러풀 웨딩즈

"유대인이라 돈벌이는 잘할 줄 알았지."

"중국인들은 무뚝뚝하고 예의가 없어."

"쟤 예민한 거 알잖아."

"백인들은 못 믿을 놈들이다. 특히 프랑스인들."

영화 〈컬러풀 웨딩즈〉에서 유대인 사위, 중국인 사위, 프랑스인 딸, 아프라카인 사위를 향해 등장하는 대사들이다. 인종, 피부색 등으로 인류를 분류하는 기준은 과학자에 의해 만들어졌다. 피부색을 기준으로 황인종, 흑인종, 백인종 등으로 부르기도 했고 한때는 황색을 두고 '살색'이라고도 부르기도 했다. 물론 2025년 기준으로는 편견과 차별의 단어다. 피부색을 기준으로 한 분류는 인종주의적 근거로도 활용됐다. 이제 우리나라도 서구를 통해 인종과 민족의 개념을 알게 됐다. 다만 아는 만큼 보이게 되는 세상의 이치처럼 피부색의 구별보

다는 사회·정치·문화적으로 생성되는 민족 혹은 인종의 차이
가 훨씬 더 다양해졌다는 것을 알기에 새로운 기준을 이야기
해야 할 당위성 또한 충분한 지금이다.

　　인종은 의도적이든 의도적이지 않든 편견을 갖는 시작
점이 된다. 명예훼손죄 자체가 없는 미국에서는 피부색 외
에 인종 등에 대한 유머가 종종 등장하기도 한다. "동양인?
수학을 잘하겠네?" 이른바 일상생활에서 흑인, 동양인, 소

수자를 은근하게 차별하는 것을 말하는 마이크로어그레션(microaggression)이다. 사실 말하는 이들은 어떤 의도를 갖지 않고 했을 수도 있다. 하지만 중요한 건 의도했든 그렇지 않았든 간에 이로 인해 누군가가 차별을 받았다는 사실이다. 이렇게 일어나는 인종에 관한 차별은 영화 등 수많은 콘텐츠에서는 여전히 대수롭지 않은 유머 혹은 선입견으로 등장한다.

프랑스의 딜레마, 다문화가족이 던지는 질문

프랑스 상위 1%의 베르누이 부부, 네 명의 딸을 둔 딸부잣집이다. 그들의 딸 셋이 각각 아랍인, 유대인, 중국인과 결혼했다. 파리에 살고 있는 부유하고, 전통적인 가톨릭 가족인 베르누이 부부가 서로 다른 문화적 배경을 가진 남자와 결혼하는 네 딸을 받아들이려고 노력하는 과정을 따라 전개된다. 첫째 딸은 아랍인, 둘째 딸은 유대인, 셋째 딸은 중국인과 결혼했고, 이 부부는 도무지 이해할 수 없는 자기네 나라의 전통을 고수하는 사위들 때문에 골치를 앓고 있다. 막내딸만큼은 그저 평범한 프랑스 남자와 결혼하기를 바라는 부부에게 어느 날 막내딸이 결혼을 발표한다. 드디어 예비 사위를 처음 만나는 날, 딸과 함께 나타난 남자가 다름 아닌 아프리카인이라는 사실을 알고 부부는 충격에 빠지게 된다. 영화의 초반은 장녀 이사벨(프레데릭 벨·Frederique Bel)과 아랍인 사위

라시드(메디 사둔·Medi Sadoun)가 결혼식을 준비하는 것으로 시작된다. 이와 더불어 둘째 딸 오딜(줄리아 피아톤·Julia Piaton)이 다비드(아리 아비탄·Ary Abittan)라는 유대인 남자와 결혼한다는 사실을 알게 되면서 상황은 악화된다. 딸의 선택이 재앙으로 이어질 것이라고 확신하는 아버지 베르누이(크리스티앙 클라비에·Christian Clavier)는 충격과 경악을 금치 못한다. 이야기가 전개되면서 베르누이 가족은 세 번째 딸인 세고렌(에밀리 캉·Emilie Caen)이 샤오 링(프레더릭 쇼·Frederic Chau)이라는 중국 남자와 약혼을 발표했을 때 또 다른 놀라움에 휩싸인다. 그리고 상황이 더 나빠질 수는 없다고 생각했을 때 막내딸인 로라(엘로디 퐁탕·Elodie Fontan)가 샤를(눔 디아와라·Noom Diawara)이라는 아프리카 남자와 약혼을 발표하게 된다.

가톨릭인 부부의 네 딸이 각각의 국적과 종교가 다른 남자들과 결혼하면서 생기는 에피소드의 영화인 〈컬러풀 웨딩즈〉는 제목부터 차별적이다. 피부색을 빗대 컬러풀이라니. 영화는 한 인물이 인종차별적인 단어를 내놓으면 다른 인물이 인종차별적인 언사라고 반박하는 장면이 자주 등장한다. 영화 속에서 아빠 역을 맡은 크리스티앙 클라비에의 인종차별적인 발언에도 관객들은 불쾌해하기보다는 문화적 차이에서 유머를 찾는 영화의 능력을 높이 평가했다. 영화의 재치 있는 대사와 코믹한 상황은 관객들의 몰입도를 높이고 영화를 시청하는 내내 즐거움을 선사했다. 말도 서슴지 않는다. "댁(프랑스)들이 우릴 약탈했고, 지금도 그러니까", "프랑스에는 깜둥이 머리라는 디저트가 있다" 등등 공격적인 단어도 등장한다. "늦는 걸 보니 중국인 아니구만", "그 여자랑 바람났다니깐, 흑인들은 XX머신이야" 등 특정 인종에게 꼬리표처럼 따라붙는 선입견 가득한 대사도 많다.

인종차별로 보이는 대사와 설정이 빼곡하지만 시사하는 바가 정반대의 이야기이니 영화를 본 뒤에 불편한 이들이 많지는 않다. 막내딸의 남자친구는 자신을 처음 보고 흑인이라 놀라는 장인, 장모를 놓고 여자친구인 로라에게 "왜 부모님이

백인이라고 말 안 했어?"라고 너스레를 떠는 등 자칫 무거워질 수 있는 상황을 코미디로 승화시킨다.

정치적 올바름을 중시하는 프랑스에서 만들고, 인종차별에 대한 비판적 시각을 가진 영화라는 점에서 다문화와 관련된 대표적인 영화로 언급된다.

인종과 민족, 혼동에서 시작된 편견

인종은 가끔 민족과 혼동된다. 한국인도 사실상 다양한 인종과 민족이 섞였지만 비교적 차이가 크지 않아 단일민족이라 일컫는다. 더욱이 교육과정에서 배달의 민족, 단군의 자손 등 정체성과 신성을 함께 이식받아 그 정도가 짙다. 때문에 인종(race)과 민족성(ethnicity)의 개념을 서구 문명을 통해 접하게 됐다. 인종을 '백인종', '황인종', '흑인종'이라는 3종의 구시대적 분류로 이해하게 된 것도 오해를 만든 배경이다.

실질적으로 인종은 두상, 입술 등 신체적 특징과 피부색 등을 기초로 분류한다. 그 때문에 인종은 피부색만으로 두부 자르듯 분류하기 어렵다. 심지어 인종을 구분할 때 생활양식과 종교까지 포함할 수도 있다. 결국 인종이란 과학적인 분류라기보다는 과학을 포함해 사회문화적 요소가 대거 포함된 개념으로 이해해야 한다. 결국 인종이란 각기 다른 대륙, 공간, 국가 등에서 터 잡아온 이들이 생활에 적응하면서 만들어진 결과라 볼 수 있다. 다문화주의와 다문화 교육에서 인종의 개념은 매우 다층적이고 다각적인 시각으로 봐야 한다.

2024년 3월 아카데미 시상식에서 이색적인 일이 벌어졌다. 엠마 스톤(Emma Stone)은 전년도 수상자인 중국계 말레이시아 배우 량쯔충(Michelle Yeoh)이 주는 트로피를 본인이 주는 대신 제니퍼 로렌스(Jennifer Lawrence)가 주도록 만들었다. 무대 위 상황은 이 과정에서 동선이 꼬이고 서 있는 자리가 겹쳤다. 또 로버트 다우니 주니어(Robert Downey Jr.)는 트로피를 건네는 베트남 배우 키 후이 콴(Ke Huy-Quan)을 제대로 보지도 않고 다른 배우들하고만 인사를 나눴다는 의혹에 시달려 입장을 내놓아야 했다. 아시아 인종을 지나치는 '아시아 패싱'이라는 얘기가 나왔을 정도다.

서양인, 나아가 백인으로 대표되는 문화권의 입장에서 아시아는 아직 수준이 낮거나 저개발된 국가라는 인식이 있다. 19세기 중반 이주의 나라인 미국은 백인의, 백인에 의한 나라였다. 그 당시 아메리카 대륙은 부족한 노동력에 시달렸다. 금광 개발과 철도 건설에 대규모 인력이 필요했다.

때마침 중국 청나라도 위기였다. 당시 청나라는 아편전쟁에서 패한 후 영국에 막대한 배상금을 내야 했다. 청나라는 배상금 마련을 위해 서민들의 세금을 올렸다. 결국 중국인은 살인적인 세금을 피해 나라 밖으로 이동했고, 그 이동의 끝에 이주의 나라 아메리카 대륙이 있었다. 1860년에서 1870년 사이 무려 10만 명이 미국으로 이동했다.

당시 미국인은 영국의 청교도를 모태로 됐음에도 인종 차별적이었다. 중국인들이 자신의 일자리를 뺏는다고 오해했다. 이런 미국인의 생각은 '뉴욕 트리뷴'을 창간한 공상적 사회주의자였던 호러스 그릴리(Horace Greeley)의 글에서도 찾을 수 있다. 호러스 그릴리는 "그들 중국인은 대개 근면하고 참을성이 많다. 그러나 미개하고, 더럽고, 상상할 수 없을 정도로 추잡하고, 무엇보다 배우려는 의지가 없다"고 썼다. 미국 언론 사상 최고의 논설 기자로 평가받고 노예제도 폐지를 강력히 호소하던 이였음에도 역시 당시에는 서양인의 차별적 사고방식의 틀에서 벗어나기 어려웠다.

역사는 반복된다. 1876년 미국에서 천연두가 유행하자 그 원인으로 중국인을 지목해 공개된 장소에서 샤워하도록 명령한 적도 있다. 코로나19 팬데믹 사태와 유사하다. 중국 우한에서 코로나19가 발원했다며 반 중국인 정서가 거세지기 시작했다. 영화 〈컨테이젼〉 속 감염병도 아시아의 어느 숲이 인간에 의해 잘려 나가자 터전을 잃은 박쥐 무리가 돼지 축사에 자리 잡으면서 시작된다. 인종 간 차별적 시선은 인종이라는 개념이 생긴 서양인의 사고방식이 시작된 후 100여 년이 지난 지금도 여전한 게 아닐까?

다문화가족이 보여주는 사회적 통합의 가능성

역사적으로 또 문화적으로, 인종에 대한 해석은 종종 불평등과 갈등의 원인이 됐다. 차별, 편견, 불평등은 세계 여러 지역에서 사회적, 정치적, 경제적 문제를 야기하고 있다. 대한민국 역시 동남아시아 등 대한민국보다 부유하지 않은 국가의 인종에 대한 차별이 없다고 말할 수 없다. 다른 인종을 두고 차별하거나 사람을 두고 인종으로 선입견을 갖는 것은 다문화사회를 맞닥뜨린 우리가 풀어야 할 숙제이자 중요한 도전 과제다. 특정 인종에 대한 선입견이나 혐오는 개인 간의 불화뿐만 아니라 국가적 갈등으로 이어질 수 있음에 사회 전반적인 이해와 공감이 필요한 지금이다.

서로 다른 문화와 인종이 갑작스럽게 충돌하면 집단적인 문화적 변화가 일어난다. 이주민, 식민지화 등을 포함한 대규모의 문화적 교류 혹은 문화적 접촉으로 인해 이른바 '문화변용(文化變容·acculturation)'이 발생한다. 이질적인 문화를 가진 두 사회가 지속적이고 직접적인 접촉을 통해 서로가 지닌 문화에 변화를 일으키는 현상을 일컫는다. 다문화국가로 접어들면서 우리 대한민국 인구의 5% 이상이 이주민으로 채워진다면 각각 문화권과의 소통이 필요한 이유다. 인종 간의 접촉은 어느 한쪽에만 영향을 미치는 게 아니다. 양쪽 모두 변화에 맞서야 하고 이겨내야 한다. 특히 오랜 기간 외부 인종과

접촉이 없었던 대한민국 원주민에게는 아주 작은 변화라도 각 개인에게 커다란 변화로 다가올 수 있다.

문화접촉으로 인한 문화변용은 인종 간 혹은 문화 간에 다원성을 전제로 해야 한다. 다양한 인종, 다양한 국가, 다양한 사상을 가진 이들이 대한민국의 국토 안에서 함께 살아가야 한다. 물론 각각의 집단 사이에 권력이나 돈에 의한 기득권, 그리고 그 차이에 따라 주류와 비주류로 나뉠 가능성도 높다. 그럼에도 다원적 사고방식으로 인종 간 혹은 문화 간에 상호작용을 통한 공존, 동화, 융합이 필요하다.

〈컬러풀 웨딩즈〉가 인종 사이 벌어지는 갈등을 해소하는 요소로 다양성, 그리고 그 다양성을 받아들이는 포용을 전면에 내세운 게 돋보이는 이유다. 다양한 인종의 사위가 전통적인 가치를 중시하는 프랑스인 노부부를 만나 서로 이해하고 화합하는 과정이 도드라진다. 영화의 중반 에피소드가 대표적이다. 유대인 다비드네 아들이 전통에 따라 할례를 진행한 후 온 가족이 중국인 샤오가 준비한 식사에 참석한다. 이 자리에서 아랍인 라시드까지 포함해 세 남자는 연신 서로 충돌한다. 프랑스인인 장인·장모와 안 맞지만 아랍인, 유대인, 중국인의 성격도 만만치 않다. 물리적 충돌까지 갈 뻔했던 3명의 사위는 아프리카 출신을 막내 동서로 들일 수 없다는 데 뜻을 모은다. 그 과정은 영화적 설정이지만 아이러니하다.

〈컬러풀 웨딩즈〉는 인종적 편견과 고정관념의 해소에 주력한다. 영화에 등장하는 다양한 인물들은 서로 다른 인종적, 문화적 배경을 가지고 있다. 이는 종종 오해와 갈등의 원인이 된다. 이러한 상황은 현실에서 특정 인종에 대한 고정관념이 어떻게 형성되고 사회적 통합을 저해하는지 보여준다. 영화는 이를 극복하기 위해 서로에 대한 이해와 열린 대화의 중요성을 강조한다.

〈컬러풀 웨딩즈〉는 다문화가족의 결혼을 중심으로 이야기를 전개하며, 다양한 문화적 배경이 공존할 수 있음을 보여준다. 가족 간 갈등을 해결하고 조화를 이루기 위한 노력은 국가 차원에서 다문화가족과 사회가 조화를 이뤄야 할 필요성을 상징적으로 보여준다. 베르누이 가족도 처음에는 딸이 선택한, 문화적 배경이 다른 배우자를 받아들이는 데 어려움을 겪는다. 막말도 서슴지 않던 그들이지만 결국 가족이라는 이름 아래 각자의 인종이 갖는 사회문화적 차이를 받아들이고 이해하기 시작한다.

결국 〈컬러풀 웨딩즈〉는 포용과 다양성이 단순한 이념이 아니라 행동으로 실천되어야 한다는 점을 시사한다. 각기 다른 문화와 전통을 가진 사람들이 서로를 받아들이고 존중하는 모습은 대한민국 사회가 지향해야 할 미래를 제시한다. 대한민국이 다문화국가로 진입하면서 직면할 인종적 편견과 문화적 충돌을 해결하는 데 필요한 교훈을 담고 있다. 영화가 제시하는 다양성과 포용의 메시지는 단순히 문화적 다양성을 인정하는 데 그치지 않고, 이를 기반으로 한 사회적 조화를 이루는 데 중요한 길잡이가 될 수 있다.

인간의 유전적 구성은 99.99% 이상 동일하며, 이는 모든 인종이 본질적으로 유사하다는 점을 보여준다. 그럼에도 사회적, 문화적, 종교적 요인으로 인해 인종 간 차별과 편견이 발생하기도 한다. 이러한 편견은 가끔 특정 인종이 수학에 뛰어나다는 등의 고정관념으로 나타난다. 이는 다문화사회의 조화를 저해할 수 있다. 〈컬러풀 웨딩즈〉에서 제시한 다양성과 포용이라는 주제는 2025년 다문화국가로 진입하는 우리 사회에 민족과 인종에 대한 편견을 버려야 한다는 시사점을 준다.

컬러풀 웨딩즈(Serial bad weddings)

개봉 2014
감독 필립 드 쇼브홍(Philippe de Chauveron)
출연 이자벨ㆍ프레데릭 벨
로라ㆍ엘로디 퐁탕
클로드ㆍ크리스티앙 클라비에
다비드 베니쇼ㆍ아리 아비탄
라시드ㆍ메디 사둔
제작 로맹 로이트망(Romain Rojtman)

이방인 아닌 우리의 이웃

- 강윤성 감독 -

영화 〈범죄도시〉에는 2가지 형태의 이방인이 등장한다. 대한민국의 질서에 반항하는 장첸, 수용하는 이수. 조선족 출신 이방인인 이수의 경우 후속편에서는 아예 대한민국 경찰과 협력해 범죄 조직 소탕에 나선다. 심지어 경찰을 뒤에서 돕는 블랙 요원을 꿈꾸기도 한다. 이방인이 우리 사회의 구성원으로 진입하고 있다는 변화된 사회상을 보여준 것으로도 보인다.

이 영화의 메가폰을 잡은 강윤성 감독. 영화의 실존 모델인 형사를 만나 '왕건이파 소탕 작전(2004년 서울 남부경찰서 강력반 형사가 후배 경찰 2명과 함께 가리봉에서 강남까지 돌며 하룻밤 사이에 폭력배 조직원 14명을 검거했던 사건)'의 이야기를 듣고 〈범죄도시〉를 시작하게 됐다.

강윤성 감독에게 영화 개봉 이후 2025년 현재 시점에서 우리에게 어떤 이야기를 다시 전해줄 수 있을지 들어보았다.

영화 〈범죄도시〉가 다문화시대를 맞은 대한민국에 어떤 메시지가 될 것이라고 생각하시나요?

이미 한국의 특정 지역에서는 외국인과 한국인들이 구분 없이 같은 대한민국 주민으로 잘 융합되어 살아가고 있습니다. 〈범죄도시〉에 20여 년 전 한국 사회에서 조금의 이질감이 있는 이방인들의 모습이 담겼다면 현재 2025년은 특별히 외국인으로 구분하지 않는 그런 다문화사회에서 살고 있다고 봅니다.

영화 속 특정 장면이나 대사가 다문화국가에 들어선 우리의 모습을 대변하는 부분이 있을까요?

영화 중후반부에 마석도와 형사들이 식당에서 중국동포에게 '피해사례와 용의자 목격 시 신고'를 당부하는 장면이 있습니다. 가리봉동에 거주하며 장사를 하는 중국동포들은 보복을 우려해 말하기를 꺼리는데 마석도가 이렇게 얘기합니다. "저도 여기 주민이에요 아시잖아요." 이 장면에서 얘기하고자 했던 것은 결국 가해자, 피해자, 경찰 모두 같은 커뮤니티에 속한 주민이란 것입니다. 마석도의 진정 어린 설득에 결국 피해자들도 용기를 내서 경찰을 도와주기로 하는데, 이게 진정한 다문화의 모습을 보여준다고 생각합니다.

〈범죄도시〉는 중국동포에 대한 이야기를 깊이 있게 다뤘습니다. 커뮤니티 안에는 불법체류자도 있고 나쁜 일을 하는 사람도 공생합니다. 장이수는 과거 불법으로 체류하다 합법적인 인물로 바뀐 사람입니다. 사실 부득이하게 불법체류자가 된 체류자들도 상당히 많습니다. 개인적인 견해로는 이들을 억압할수록 불법체류가 줄어드는 게 아니라 음성적인 직업이 더 많이 생긴다는 것입니다.

말씀하신 문제를 해결할 수 있는 가능성이나 해법은 무엇이라고 생각하시나요?

최근 법무부에서 불법체류자에 대한 대대적인 단속이 있곤 했습니다. 그럴수록 산업은 위축되고 음지에 숨어드는 사람들이 많아지는데 이는 건강한 사회 구축에 역행한다고 생각합니다. 그렇다고 불법체류자를 옹호하는 것은 아닙니다. 적절한 제도 개선이 우선되어야 한다고 생각합니다. 지금의 제도는 불법체류자를 양산하는 구제도입니다. 과감하게 개선해 합법적인 체류 근거를 제공해줘 그들이 양지로 나와 당당하게 일할 수 있게 해야 합니다. 상황이 악인을 만듭니다. 규제보다는 합리적인 제도 개선이 우선되어야 합니다.

재중동포를 다루는 콘텐츠에서 특별히 주의하거나 묘사하는
데 가장 신경 쓴 점은 무엇인가요?

재중동포를 단순히 돈만 벌려고 한국에 온 이방인으로
보는 시각이었습니다. 이런 시선이 우리 사회에 만연한데 같
은 동포, 민족 차원에서 크게 보면 결국 한민족입니다. 비슷한
맥락에서 탈북민도 마찬가지고요. 이들조차 남처럼 대한다면
한국 사회의 미래는 어둡습니다. 너무 폐쇄적이에요. 과거의
한국에 비해 현재 한국인들은 훨씬 관용도가 높아졌고, 더
높아져야 합니다.

외국인, 이방인 등을 대한민국 거주민이 어떻게 받아들이는
게 바람직할까요?

사실 예전에는 서양인만 봐도 낯설게 느껴졌는데 요즘
은 그런 경계가 많이 허물어졌다고 봅니다. 특히 중국동포를
받아들이는 지금의 시각은 많이 달라졌다고 생각합니다. 중
국동포 중에 부자도 많고 유명인도 꽤 생겼지요. 이젠 가난한
타지에서 돈을 벌러 온 이방인이 아닌 같은 한국인으로 볼 수
있는 열린 마음이 필요할 때입니다.

앞으로 영화와 드라마 등의 콘텐츠에서 다루는 다문화는 어
떤 시선을 갖는 게 좋을까요?

이미 대한민국은 다문화국가로 들어섰습니다. 지방만 가도 외국인 없이 한국 사회가 돌아갈 수 있다는 게 불가능하다는 것을 알 수 있을 겁니다. 정말로 많은 외국인, 이주민 등이 바로 우리 곁에서 우리의 구성원으로 살아가고 있습니다. 요즘의 영화와 드라마에서 외국인, 동포를 그리 낯선 사람으로 그리지 않는다는 것을 이미 많은 관객들이 알고 있습니다.

다문화국가를 맞아 영화 등 콘텐츠에서 이주노동자, 거주외국인 등을 다룰 경우 어떤 부분을 고려해야 한다고 생각하시나요?

지속적으로 주의해야 할 점은 차별을 담은 용어와 언어입니다. 한국말을 알아듣지 못하는 상황에서 나오는 차별, 외모에서 나오는 차별, 문화에서 나오는 차별 등은 단지 농담이나 놀림거리가 아닙니다. 자칫하면 범죄가 됩니다. 우리 사회는 더 성숙하고 서로를 존중하며 살아가야 합니다. 그렇게 되기 위해 영화와 드라마 같은 미디어의 책임이 크다고 봅니다.

영화에서 주인공으로 등장하는 재중동포에 대해, 촬영 당시와 현재 시점에서 달라진 시선은 어떤 것일까요?

〈범죄도시〉는 2004년 가리봉동을 배경으로 합니다. 당시 이 지역의 중국동포들의 생활은 넉넉하지 못했는데 지금은 완전히 변했습니다. 현재 가리봉동에는 중국동포들이 소유한 건물들도 꽤 되고 해외 무역, 특히 중국과의 무역과 문화 교류에 이들의 역할이 큰 몫을 차지하고 있습니다. 과거 어려운 사람을 괴롭히던 폭력배들도 많이 사라졌습니다. 또 동포 사회의 커뮤니티들도 활발하게 활동해서 성공적인 성장이 이뤄졌습니다. 역시 한민족은 강합니다.

5부

우리가 만들어야 할

공존의 다문화국가

편견과 차별을 넘어 다문화국가로 가기 위해서는

현재 우리나라는 무거운 숙제를 안았다. 통계청과 법무부가 공동으로 발표한 '2024년 이민자 체류 실태 및 고용 조사'에 따르면, 2024년 5월 기준 15세 이상 국내 상주 외국인은 156만 1,000명으로 집계됐다. 이는 1년 전보다 13만 명(9.1%) 증가한 것으로, 2012년 집계 이래 최다다. 사실상 과거에 외부와 맞닿아 있지 않았던 우리나라가 현재는 다문화가족과의 사회적 통합이 그 어느 때보다 중요한 과제로 급부상한 것이다. 우리는 향후 다문화시대를 어떻게 맞이해야 할까.

다문화 논의는 노무현 정부 당시로 거슬러 올라간다. 2006년 당시 정부는 노무현 대통령 주재로 청와대에서 국정과제회의를 열어 대통령 자문 빈부격차·차별시정위원회가 법무부·교육부·고용노동부·여성가족부 등과 함께 '여성 결혼이민자 가족 및 혼혈인·이주자의 사회통합을 위한 지원 대책'을 확정했다(당시 한국계 미식축구 선수 하인스 워드(Hines Ward)의 방한을 계기로 혼혈인에 대한 관심이 높아지자 범정부 차원의 대책을 내놓았다는 평이 많았다). 당시 노무현 대통령은 "다인종·다문화로의 진전은 거스를 수 없는 대세"라며 "양적으로 우리 사회가 감당할 수 있도록 최소한의 규제 등 속도 조절이 필요하고, 질적인 측면에서는 이주자 인권신장을 위한 다문화정책을 본격 추진하는 등 포용 노력을 강화할 시점"이라고 강조했다. 이어 "부처별로 혼재된 외국인 및 이민정책을 통합·조정하는 총괄 기구를 설치하라"고 지시했다.

이후 다문화정책은 정부가 들어설 때마다 더욱 체계화되고 구조화해왔다. 다문화가족지원법 등 관련 법률이 마련되고, 갖가지 법을 기초로 다문화가족 실태 조사, 다문화가족 지원센터 등이 만들어졌다. 정부가 수립한 다문화가족 지원 기본계획에 따르면 다문화가족 지원을 위하여 관계 중앙행정기관의 장과 협의해 5년마다 다문화가족 정책에 관한 기본계획을 수립해야 한다. 기본계획에는 다문화가족 지원 정책의 기본 방향, 다문화가족 지원을 위한 분야별 발전 시책과 평가에 관한 사항, 다문화가족 지원을 위한 제도 개선에 관한 사항, 다문화가족 구성원의 경제·사회·문화 등 각 분야에서 활동 증진에 관한 사항, 다문화가족 지원을 위한 재원 확보 및 배분에 관한 사항 등이 포함된다. 이는 글로벌화와 이주민의 증가로 다문화적 특성을 필수적으로 수용해야 하는 과제를 풀기 위한 정부의 노력이라고 볼 수 있다.

하지만 우리나라의 다문화 인식은 해마다 개선되긴 했으나 사람들은 여전히 혐오적, 차별적 단어와 언어의 사용으로 외국인, 귀화인 등에 대해 거부감을 드러내고 있다. 자칫 국수주의나 왜곡된 민족주의로 나아갈 수도 있는 중대한 사안이다. 결국 다문화국가로서의 한국이 나아가야 할 정책 방향을 교육, 경제, 의료·복지, 문화, 법·제도 등 다양한 측면에서 논의해야 한다.

미국과 유럽이 도입한 다문화 모델의 시사점

우리나라의 다문화는 국가 간 전쟁, 민족 간 이동 등으로 이뤄졌다기보다는 국제결혼과 이주노동, 학업, 이민 등의 결과라고 볼 수 있는데, 다행스럽게도 미국과 유럽 등 이미 많은 나라들이 먼저 다문화국가로 가는 과정을 겪었기 때문에 우리는 이들로부터 교훈을 얻을 수 있다. 우선 다문화국가에서 이주민을 대하는 정책으로는 동화주의 모델(용광로 이론), 차별적 포섭과 배제 모델(손님 이론), 다문화주의 모델(샐러드볼) 등이 있다. 예를 들어 캐나다는 다양성을 바탕으로 한 통합을 꾀하고, 영국과 프랑스 등은 동화주의 사회 통합에 가깝다. 우리나라의 경우 아직 노동 위주의 이주민을 주로 받아들였기 때문에 차별적 포섭과 배제 모델에 가깝다.

* 동화주의 모델: 이주민이 정체성을 포기하고 주류사회의 구성원으로 동화되는 형태

* 차별적 포섭 및 배제 모델: 특정 경제 영역에서만 외국인을 수용함

* 다문화주의 모델: 주류와 비주류를 구분하지 않고 각각 소수 문화를 지키는 것을 지향함

한편 '민족의 용광로'라는 수식어처럼 다양한 인종과 문화가 공존하는 사회를 만들기 위해 노력하는 미국의 다문화 정책은 어떨까? 미국은 문화적 다양성을 존중하고 평등한 기회를 제공함으로써 사회적, 문화적 풍요를 가져온다는 점에서 긍정적 평가를 받고 있다. 특히 한국인들이 많이 거주하는 미국 LA의 경우, 해마다 각 민족, 각 국가가 함께하는 대규모 축제를 통해 서로 소통하고 이해하는 장을 열고 있다. 이처럼 미국은 '이민자의 나라'라는 별칭처럼 각 나라의 이민자들이 미국 내에서 중요한 역할을 맡아왔다. 과거 서부 개척 시대에는 많은 중국인들이 철도 노동자로서 미국을 찾았고, 유럽인들도 대거 이주해 왔으며, 현재는 미국 실리콘밸리의 혁신적 기업들 중 상당수를 이민자 출신이 주도하고 있는데 구글의 세르게이 브린(Sergey Brin)과 테슬라의 일론 머스크(Elon Musk)가 대표적인 예다. 특히 최근 IT업계에서 많이 활약하고 있는 인도인 이민자 수는 2022년 말 기준 전체 이민자 가운데 2위 수준인 284만 명으로, 지금도 세계 시장에서 미국의 경쟁력을 높이는 데 많이 기여하고 있다.

　　하지만 민족의 용광로인 미국에서도 문화충돌과 사회 분열은 꾸준하게 발생하고 있다. 언어, 종교, 가치관의 차이로 인한 이민자와 기존 미국 시민권자 사이의 갈등은 여전히 지속되고 있으며, 경제적 위기를 피해 불법으로 북미를 찾는 남미의 이민자들에 대응하여 대규모 장벽을 세우고 있다. 특히 불법 이민자 유입은 경제와 사회 시스템에 부담을 주는 동시에 합법적 이민자들과의 형평성 문제를 야기했는데, 트럼프 2기 행정부의 '멕시코 국경 장벽 건설' 논란과 '반이민 정책'은 이런 갈등을 더욱 부각시킬 것으로 보인다. 특히 9.11 테러 이후 급증한 '이슬람포비아'는 미국 다문화사회의 취약성을 여실히 보여주며, 몇몇 영화에서 이슬람과 테러를 연계한 설정은 사회통합을 저해하고 갈등을 증폭시킨다는 비판도 받았다.

유럽과 캐나다의 다문화국가 정책은 다문화주의 모델(이른바 샐러드볼 이론)을 채택했다. 샐러드볼 이론은 커다란 그릇(bowl) 안에 토마토, 파슬리 등 갖가지 재료가 자신의 특징을 드러내는 샐러드에서 차용한 용어인데, 통합을 강조하는 미국과 달리 유럽의 정치·문화적 정서를 담은 정책이라고 할 수 있다. 이 정책은 인권과 자유를 존중하며 다양한 문화를 포용한다는 평가를 받으며, 이러한 열린 정책 덕분에 자국의 저출산과 고령화로 인한 인구 부족 문제를 이민자의 노동력으로 해결하고 있다.

하지만 난민 등을 적극적으로 받아들였던 유럽식 모델은 최근 들어 문제점이 도출됐다. 프랑스에서는 이슬람 여성의 히잡 착용을 두고 논란이 끊이지 않고, 독일에서는 외국인 혐오 범죄가 증가하는 등 갈등이 심화되고 있는 것이다. 그 결과, 유럽 각국에서는 난민을 거부하는 극우 정치세력이 득세하고 있다.

스웨덴이 바로 그러한 대표적인 예다. 스웨덴은 유럽에서 가장 개방적인 다문화정책을 추진해온 국가 중 하나로, 난민과 이민자를 대거 수용하면서 '인도주의적 강국'으로 평가받았다. 하지만 20년 넘게 적극적으로 추진한 다문화정책은 결국 민족적 갈등과 경제적 부담을 초래했다. 이민자 커뮤니티와 기존 스웨덴 원주민 간의 긴장감이 점점 고조되고, 범죄율 증가가 문제로 지적됐다. 스톡홀름, 예테보리, 말뫼와 같은 대도시에서는 '노고존(No-Go Zones)'이라 불리는 우범지대가 형성돼 경찰조차 접근하기 어려운 상황이 발생했다. 또한 스웨덴의 높은 사회복지 혜택은 이민자 유입을 촉진했지만, 그 결과로 상당수의 이민자가 실업 상태에 머물며 복지 시스템에 의존하게 됐고, 심지어 이민자 2세 역시 스웨덴의 정치·사회와 문화에 동화되지 않고 자국 문화를 유지한 채 겉돌면서 큰 부담이 되고 있다.

이처럼 미국과 유럽의 다문화정책은 극명한 차이를 보인다. 미국은 이민자들이 주류사회에 동화되도록 유도하는 경향이 강하다. 경제적 기여도가 높은 기술 인재 중심의 이민 정책을 추진하며, 이민자들이 미국 문화에 적응하도록 압력을 가하는 구조다. 그리고 '주류', '비주류' 등의 단어를 사용하면서 흔히 비주류가 주류사회로 진입하는 걸 성공의 척도로 여기는 문화도 존재한다. 반면 유럽은 다문화주의를 기반으로 개별 문화를 존중하며 통합보다는 공존을 추구한다. 덕분에 이민자들이 자국 문화를 유지할 수 있었지만, 이는 곧 사회통합의 걸림돌이 되기도 했다.

미국과 유럽의 다문화정책이 주는 시사점은 간단하다. 결국 문화적·종교적 갈등을 해소하기 위해서는 통합이 필요하며, 특히 인종차별과 불평등 문제 등과 같은 중대한 갈등 문제는 해소해야 한다. 체계적인 통합 정책 없이 무분별한 이민자 수용은 결국 부작용을 가져오기 마련이다. 미국보다 도덕적·철학적으로 앞섰다고 자신하던 유럽의 몇몇 국가에서는 섣부른 다문화정책과 인간 심리에 대한 이해 부족으로 갖가지 문제를 맞이했고, 결국 다문화국가의 한계를 드러냈다는 평가를 얻었다.

미국과 유럽에서 겪는 다양한 문제와 인종, 민족 간의 갈등을 겪지 않기 위해 우리나라는 이민자와 기존 대한민국 구성원 간 균형 잡힌 통합 정책을 장기적으로 펼치는 동시에 경제적 자립을 지원해야 한다. 하지만 아쉽게도 우리나라는 아직 어떤 요인들이 사회적 갈등을 유발하는지, 그리고 이에 대한 이주민과 원주민의 태도와 대응은 어떨지 감을 잡지 못한 상황이다.

이 때문에 국가 정체성을 고양하기 위한 1.5세대, 2세대를 위한 '교육'이 더욱 절실하다. 종종 다문화가정의 자녀들은 언어적 어려움과 학업 부진을 경험하는데, 이를 해결하기 위해 현재 '다문화가족지원법'을 기반으로 다문화 자녀의 한국어 교육과 모국어 병행 학습을 지원하고 있다. 예를 들어, 부모의 모국어를 존중하면서도 한국어 학습을 병행하도록 돕기 위해 결혼이민자 중에서 이중언어 교사를 선발 및 양성하여 언어 수업을 진행하고 있다. 또한 학교 교사들이 다문화가족의 학생들과 원활하게 소통할 수 있도록 교사 대상의 다문화 교육도 점차 확대되고 있다.

우리는 다문화를 존중하고 포용하는 사회적 공감대를 만들어나가야 한다. 이를 위해 교육, 경제, 의료·복지, 문화, 법·제도 등 다방면으로 접근해 개선해야 하며, 특히 다문화가족의 다양성을 존중하고, 이들이 한국 사회의 일원으로 자리잡을 수 있도록 지속 가능한 정책을 펼쳐야 한다. 한국의 다문화정책은 아직 발전 중이지만 성공적인 사례와 법률을 기반으로 하여 꾸준한 개선이 이루어진다면 우리나라도 세계적인 다문화국가로 도약할 것이다.

다문화가족의 고유문화 기반 프로그램으로 고정관념 극복해야

'다문화'라는 단어는 어떻게 만들어진 것일까? 다문화는 1957년 스위스에서 사용되어 1960년대부터 흔하게 쓰이게 된 단어다. 그리고 '다문화국가'는 다양한 인종이나 민족, 언어, 종교, 사회문화적 배경을 지닌 구성원으로 이뤄진 사회를 일컫는다. 그리고 '다문화주의'는 이러한 다문화국가나 사회, 지역사회, 나아가 학교나 회사와 같은 여타 공식적 사회조직의 구성 및 운영과 관련된 제반 제도적 장치나 활동에서 문화 및 정체성의 다양성을 존중하고 장려하고자 하는 정치 이념 또는 정책과 관련된 개념으로 이해된다.

흔히 영화와 드라마 등 콘텐츠 속 다문화 이야기는 '다문화에 대한 고정관념'으로부터 시작된다. 영화 속 설정처럼, '다문화가족 자녀가 무대에서 조선의 왕을 연기할 수 있을까?', 혹은 '이주민이 대표로 되어 있는 기업에서 일할 수 있을 것인가?', '이해 특정 국가로부터 온 이주민에 대해 경제적·문화적 자존심을 가지고 차별하지 않을 수 있는가?' 등등이다. 이렇듯 앞서 살펴본 영화와 드라마는 갖가지 설정으로 우리가 갖고 있는 편견, 차별, 오만, 오해, 무의식 등을 보여주고 비판한다. 이주민은 결코 원주민과 다르지 않다. 그리고 이주민들 또한 한국이라는 나라에서 미래를 설계하고, 가족을 중요시하며, 더 나은 공동체를 꿈꾼다.

특히나 한국에서 다문화는 종종 경제적으로 어려운 계층과 연관되어 부정적 이미지가 형성되는데, 이는 다문화가정의 사회적 역할과 기여를 폄하하는 결과를 초래한다. 다문화가구의 소득이 전반적으로 낮다는 통계는 일부 현실을 반영한 것이며, 또한 이민자들이 한국어에 능숙하지 않다는 이유로 취업과 교육에서 배제되는 것은 고정관념에 의한 안 좋은 예시 중 하나다. 그러나 이주민들의 이중언어 구사 능력은 우리나라에 경제적으로 기여할 수 있으며, 사회적 다양성의 중요한 자산이 된다.

또한 다문화가족의 자녀는 종종 혼혈이라는 이유로 정체성 혼란과 차별을 경험하는데, 다문화 구성원의 복합적 문화 정체성을 소재로 한 영화 〈피와 뼈〉, 〈완득이〉, 〈덕구〉 등에서 간접적으로 들여다볼 수 있다. 우리는 다문화가족의 청소년에 대한 외모와 언어 문제로 인한 차별을 멈추고, 부모의 나라와 현재 살고 있는 대한민국의 다리 역할을 하는 인재로 성장할 수 있도록 격려해야 한다. 그리고 영화 〈파이란〉의 경우, 이주민이 한국 사회에 긍정적 영향을 미칠 수 있는 가능성을 보여주는데, 이처럼 다문화는 오히려 기존 우리 문화를 풍부하게 만들고 글로벌에서 경쟁력을 갖출 새로운 가능성을 열어준다는 점을 명심해야 한다.

이주민에 대한 고정관념은 진정한 다문화사회로 전환하

는 과정에서 가장 큰 장애물 중 하나이다. 다문화에 대한 편견이 다문화 구성원들에게 불이익을 초래하며, 공존과 화합을 저해하기 때문이다. 따라서 다문화에 대한 그릇된 고정관념은 다문화사회로 가는 길목에서 반드시 극복해야 할 과제이며, 다문화가족의 고유문화를 반영한 프로그램을 확산하여 긍정적인 사회적 통합을 촉진해야 한다.

다문화사회를 만들기 위한 정부와 지자체의 꾸준한 노력

정부와 지방자치단체는 다문화가족에 대한 지원을 통해 공존의 방향을 꾸준히 찾고 있다. 다문화가족지원법 제5조 제1항에 따라 다문화가족에 대한 사회적 차별 및 편견을 예방하고 사회 구성원의 문화적 다양성을 인정하고 존중할 수 있도록 다문화 이해 교육을 진행하거나 다문화가족에 대한 이해를 높이는 홍보영상을 제작해 송출하는 등, 정부에서도 적극적인 태도를 취하고 있다.

다문화와 관련하여 다양한 행사도 진행한다. 충청남도 아산시에서는 2023년부터 내외국인을 대상으로 상호 문화교류를 위해 '지구 한 바퀴' 행사를 개최해 나라별 전통의상 퍼레이드, 다문화 합창단 및 무용단의 축하공연, 세계 전통 놀이 체험, 나라별 요리 경연대회 등을 지원한다. 또한 전남 영광군은 차별과 편견을 해소하고 결혼이주여성들이 우수한 문화를 가진 나라 출신이라는 점을 알리고자 '전국 다문화가족 모국 춤 페스티벌'을 개최하고 있으며, 차별과 편견, 취약한 경제력 등으로 이혼이나 가출 등 심각한 가정 문제에 노출돼 고단한 삶을 살아가는 결혼이주여성들이 삶의 애환을 문학으로 승화시킨 '다문화인권문학상'도 제정했다. 마지막으로 우리의 전통문화인 효를 권장하기 위해 다문화효부상을 제정하는 등 지방자치단체들도 결혼이주여성들의 안정적이며 빠른 정착을 위한 다양한 사업을 발굴하고 있다.

이러한 노력 덕분에 다문화 이주민들은 대한민국에서 생활하는 데 필요한 기본적 정보(아동·청소년에 대한 학습 및 생활지도 관련 정보를 포함)를 제공받고, 사회적응 교육과 직업교육·훈련 및 언어소통 능력 향상을 위한 한국어 교육 등을 받을 수 있다. 그리고 다문화가족 구성원은 결혼이민자 등의 출신, 국가 및 문화 등을 이해하는 데 필요한 기본적 정보를 제공받고 관련 교육을 지원받고 있다. 무엇보다 원활한 원주민과의 통합을 위해 거주지 및 가정환경 등에 따라 서비스에서 소외되는 결혼이민자 등과 배우자 및 그 가족구성원이 없도록 방문 및 원격교육 등 다양한 방법으로 교육을 지원받고 있다.

이 외에도 정부는 가정폭력으로 피해를 당한 결혼이민자 등을 보호·지원하거나, 혹 결혼이민자 등이 가정폭력으로 혼인 관계를 종료하는 경우 의사소통의 어려움과 법률 체계 등에 관한 정보의 부족 등으로 인해 불리한 입장에 놓이지 않도록 법률 상담 및 행정 지원 등에도 나서고 있다. 또한 결혼 이민자들의 의료 및 건강 지원을 위해 산전·산후 도우미를 파견하고 건강검진 등의 의료서비스를 제공하며, 다문화가족의 의사소통에 대한 어려움을 해소하고 다문화가족 지원 정책에 쉽게 접근할 수 있도록 다국어 서비스를 제공하는 등의 정책도 마련했다. 이처럼 국내외 다문화정책의 성공 사례와 법적 근거를 활용한 정책적, 사회적 노력은 한국이 다문화 구성원의 가치를 재조명하고 편견을 개선하여 다양성을 포용하는 진정한 글로벌 사회로 나아가기 위해 꼭 필요한 과정이다.

다문화는 지금 우리 곁에

　문화 콘텐츠는 다문화사회로 전환하는 과정에서 상호 이해와 공감을 증진하는 강력한 도구가 된다. 영화, 드라마, 음악, 문학 등의 대중문화는 다문화적 경험을 담아내어 관객과 독자들에게 새로운 시각을 제시하는데, 특히 〈덕구〉, 〈페어웰〉, 〈나의 아름다운 세탁소〉 등과 같은 작품들은 다문화 배경의 인물과 현실을 그려내며 사회적인 대화를 끌어냈다는 평을 얻었다. 이처럼 다문화 스토리의 현재와 미래를 문화 콘텐츠에 담아낼 수 있다면 한국을 포함한 글로벌 사회에도 가치 있는 메시지를 던질 수 있다.

　미래의 다문화 콘텐츠는 특정 국적이나 직업에 국한되지 않은 다양한 배경의 인물들이 포함되어야 한다. 예를 들어 〈덕구〉와 같은 작품이 국제결혼 가정을 다뤘다면, 미래 다문화 콘텐츠에서는 도시의 전문직 이민자나, 다문화 자녀로 성장한 청년들의 이야기도 포함될 수 있다. 또한 영화 〈컬러풀 웨딩즈〉에서 가족이라는 공통분모를 통해 문화적 차이를 초월한 감동을 선사했던 것처럼 문화적 차이를 극복하고 갈등 극복과 협력하는 사례 또한 관객에게 긍정적인 메시지를 전달하기 위해서 꼭 필요한 요소이며, 이러한 요소를 중심으로 공존의 가능성을 탐구하는 스토리는 더욱 많아질 것이다.

다문화 정체성의 복잡다단한 문제를 탐구하는 것도 또 다른 과제다. 예를 들어 영화 〈세리와 하르〉 속 주인공들처럼 다중적 국가 정체성을 이해하고 받아들이는 과정을 서사화한다면, 다문화적 배경을 가진 관객들에게 깊은 공감과 감동을 줄 수 있으며 국내뿐 아니라 글로벌시장에서도 경쟁력을 가질 수 있다.

방수인 감독에 따르면 진정한 다문화의 공존은 다문화 영화를 장르의 하나로 여기며 모두가 웃고 즐길 수 있을 때 가능해질 것이라고 한다. 영화 〈컬러풀 웨딩즈〉에 등장하는 대사가 있다. "자네까지 오면 완전 베네통 패밀리네." 바로 아랍인, 유대인, 중국인까지 외국인 셋에 아프리카인 막내 사위까지 등장하자 장인인 클로드가 던지는 농담이다. 베네통은 컬러풀한 색감을 자랑하는 브랜드로 인종차별을 반대하는 광고 캠페인으로 잘 알려졌다. 역설적인 이 대사는 이 영화의 숨겨진 의미를 드러낸다. 종교, 인종, 문화 등을 넘나들면서 좌충우돌 롤러코스터를 타듯 가족이 되는 과정에서 서로가 입고 입히는 깊은 상처뿐 아니라 치유까지 담아냈다.

문화 콘텐츠가 단순한 오락을 넘어 다른 문화를 연결하고 이해를 촉진하는 다리 역할을 할 수 있는 것처럼 미래의 다문화 콘텐츠도 서로의 역사·문화 및 제도를 이해하고 존중할 수 있도록 각기 다른 문화적 배경과 사회적 이슈를 조명하며 공존의 가능성을 제시해야 한다. 무엇보다 현실적인 사회와 배경에 대한 문제 제기가 필요하다. 다문화가정의 이주여성, 교육 격차, 사회적 차별과 같은 현실적 문제를 다루어 공감을 유도해야 하고, 〈나의 아름다운 세탁소〉처럼 현실적 도전과 갈등을 담아내되, 단순히 문제를 해결하는 데 그치는 것이 아니라 문화 교류와 화합의 밝은 측면과 극복하는 과정을 통해 관객들에게 희망을 제시해야 한다.

다문화는 멀리 있는 것이 아니라 바로 우리의 곁에 있다. 그리고 다문화를 지탱할 미래의 다문화 콘텐츠는 다양성과 포용을 더욱 풍부하게 담아내 관객이 다문화의 복잡성과 함께 그 안에 숨어 있는 의미를 이해할 수 있도록 도와야 한다. 향후 대한민국을 비롯한 세계 각국이 다문화 콘텐츠를 공감과 소통의 플랫폼으로 발전시킬 수 있기를 기대한다.

다문화, 영화에서 길을 찾다

변화의 오늘 공존의 내일

펴낸 날	__	초판 1쇄 발행 2025년 1월 13일
대표·발행인	__	이익원
지은이	__	고규대
진행·편집	__	미디어콘텐츠팀
디자인	__	베스트셀러바나나
인쇄	__	엠아이컴
브랜드	__	슬:B
주소	__	서울시 중구 통일로 92, KG타워 19층
E-mail	__	slow_b_book@naver.com
발행처	__	이데일리(주)
등록	__	2011년 1월 10일(제318-2011-00008)
가격	__	16,900원
ISBN	__	979-11-87093-32-9 (03680)

• 슬:B는 이데일리(주)의 새로운 콘텐츠 브랜드입니다.

• 콘텐츠 브랜드 슬:B는 슬로우 북(slow book)의 줄임말로 '슬로우푸드'처럼
  한 글자, 한 줄 공들여 엮은 콘텐츠를 선보이겠다는 뜻을 담았습니다.

• 파본이나 잘못된 책은 교환해드립니다.